KB268221

교실 속 진단 도구
－비고츠키 근접발달영역

수업과 수업 사이

교실 속 진단 도구
-비고츠키 근접발달영역

수업과
수업 사이

초판 1쇄 인쇄 2016년 1월 7일
초판 1쇄 발행 2016년 1월 12일

지은이 비고츠키 연구회
펴낸이 김승희
펴낸곳 도서출판 살림터

기획 정광일
편집 조현주
북디자인 꼬리별

인쇄·제본 (주)현문
종이 월드페이퍼(주)

주소 서울시 영등포구 양평로21가길 19 선유도 우림라이온스밸리 1차 B동 512호
전화 02-3141-6553
팩스 02-3141-6555
출판등록 2008년 3월 18일 제313-1990-12호
이메일 gwang80@hanmail.net
블로그 http://blog.naver.com/dkffk1020

ISBN 979-11-5930-005-9 13370

교실 속 진단 도구
— 비고츠키 근접발달영역

수업과 수업 사이

비고츠키 연구회 지음

살림터

이 책의 주제는 근접발달영역입니다. 특히 발달 수준을 가늠할 수 있도록 도와주는 척도, 즉 측정 도구로서의 근접발달영역입니다. 흔히 비고츠키의 가장 대표적인 아이디어로 알려져 있는 근접발달영역(Зона ближайшего развития. 영어로는 Zone of Proximal Development 라고 번역되고 있습니다)은 사실 그 용어의 번역에서부터 의문이 제기되는, 논쟁의 여지가 많은 개념입니다. 뜯어보면 사실 단어 하나하나가 의뭉스럽게 자리를 잡고 앉아 있는 것처럼 느껴집니다. 서로 관련을 맺기 어려운 녀석들이 친한 척하고 있는 느낌이랄까요? 근접발달영역에 대해 가장 널리 알려져 있는 정의는 다음과 같습니다.

근접발달영역은 실제적 발달 수준과 잠재적 발달 수준 사이의 거리다. 실제적 발달 수준은 독립적 문제 해결에 의해 결정되고, 잠재적 발달 수준은 성인의 안내 혹은 더 능력 있는 또래들과의 협동을 통한 문제 해결에 의해 결정된다. (비고츠키, 1978, p. 134).

그러나 혼자서 문제를 해결할 때보다 누군가의 도움을 받아 문제를 해결할 때 해결의 폭과 수준이 더 확대된다는 것은 굳이 비고츠키의 설명이 아니어도, 근접발달영역이라는 개념이 없어도 누구나 쉽게 알 수 있는 것입니다. 너무 밍숭밍숭하다고 느꼈기 때문일까요? 비고츠키를 서방에 최초로 소개한 학자 중 하나인 J. 브루너는 이 아이디어를 당시 유행하던 구성주의와 연결하여 '비계 놓기'라는 개념으로 재포장합니다. '협력, 도움을 통해서 문제를 해결하게 된다'는 부분에 방점을 찍어, 어린이의 수준에 적절한 도움을 제공함으로써 학습이 최적으로 일어날 수 있다는 새로운 주장이 만들어진 것입니다. 오늘날 돌아보면 이 역시 그다지 매력적으로 보이지 않지만 기계적인 연합론에 반대하던 구성주의자들이나 포스트모더니즘의 여운이 진하게 혀끝에 맴돌고 있던 학자들에게는 상당히 구미가 당기는 접근이었던 것 같습니다. 이후로 근접발달영역은 비계 놓기와 떼려야 뗄 수 없는 관계가 되어 버렸으니 말입니다. 하여튼 이 덕에 비고츠키라는 이름도 널리 알려지게 되었으니 불평만 하기도 사실은 어려울 것 같습니다. 스타는 하늘이 내리는 것인가 봅니다.

그러나 유명세를 타면 그에 따른 검증도 혹독해지기 마련입니다. 많은 학자들이 의문을 갖기 시작합니다. "이거 너무 뻔한 이야기 아니야?" 어떤 학자들은 근접발달영역이라는 것은 비고츠키의 고유한 아이디어가 아니었다고 주장하기도 하고 또 어떤 학자들은 비고츠키 이론에서 이 이론이 차지하는 위치는 우리가 생각했던 것처럼 중요한 것이 아니었다고 주장하기도 합니다. 그리고 비계라는 개념을 확장하여 직접적 조력을 통한 기능이나 지식의 습득이 아닌, 매개적 수단, 언어를 통한 의미 창조와 발달로 보고자 한 학자도 있습니다(Moll, 1990).

어떤 학자들은 비계의 틀에서 벗어나, 문화 공동체 내에서 개인이 마주치는 일상적 개념과 사회문화적으로 조직된 과학적 개념 사이의 차이를 근접발달영역이라고 보자고 제안하기도 합니다(Lave & Wenger, 1991). 교수-학습의 틀을 훨씬 벗어난 맥락이죠? 그런가 하면 교실 상황 내에 남아 있으면서, 교사가 제시하는 과학적 개념과 학생들의 일상적이고 체험적인 개념 사이의 괴리를 근접발달영역이라고 보자는 의견도 있습니다(Hedegaard, 1998). 그 밖의 해석들에 대해서는 더 이상 언급하지 않겠지만 간단히 말하자면 근접발달영역을 주제로 교원 임용고시에 문제를 내기에는 매우 애매한 복잡하고도 심란한 상황입니다. 우리나라의 비고츠키 전문가들이 근접발달영역에 대한 언급을 의도적으로 피하는 것도 충분히 이해할 만한 일입니다.

　이렇게 근접발달영역에 대한 분분한 해석들은 대체 어디서 유래하는 것일까요? 한편으로는 비고츠키 본인의 책임도 있습니다. 비고츠키는 개념이 명백해지면 명칭은 저절로 따라온다고 믿었던 사람입니다. 그러다 보니 많은 경우 특정 개념에 대한 온갖 설명이(사례와 근거는 '너무'도 풍부합니다) 먼저 제시되고 그 모든 설명을 아우르는 명칭은 논의의 끄트머리에 이르러서야 귀찮다는 듯 툭 떨어뜨리는 일이 비일비재합니다. 그나마 그 명칭도 남이 쓰던 것을 자신의 방식으로 고쳐 쓰거나('자기중심적 말'이 대표적인 예가 되겠습니다) 무성의한 낱말의 조합으로 나타나는 경우가 대부분입니다(한 연령기의 중심적 발달 노선과 주변적 발달 노선이라는 전투를 거쳐 막바지에야 획득되는 완전히 혁신적인 심리적 전리품에 대한 명칭은 '새로운 것'입니다). 근접발달영역이라는 명칭에도 비고츠키의 작명 솜씨가 고스란히 반영되어 있습니다. 마치 패션의 완성은 얼굴이라며, 멋진 옷으로 치장하는 것을 귀찮게 여기는 원빈 같은 태도라고 해야 할까요? 그러나 다른 한편으로 이러한 다양한 해석들은 해석자 본인들과 당대의 학문적 경향성을 짙게 반영하고 있습니다. 예컨대 J. 브루너는 행동주의에 큰 영향을 받은 학자입니다. 게다가 미국적인 실용주의 정신을 기저에 가지고 있었으므로 이론의 '효과'에 지대한 관심이 있었습니다. 그리고 당시 교육학계는 (지금과 마찬가지로) 어린이의 전체적 발달에 대한 관심이 적었습니다. 피아제의 발달 이론은 아동 발달을 정해진 길을 뚜벅뚜벅 걸어가는 최영의 사범과도 같은 모습으로 그렸기 때문입니다. 그 어떤 황소 같은 환경적 개입이 틈입한다 하여도 발달은 그 뿔을 한 손으로 딱 잡고는 다른 한 손으로 황소의 머리를 내리친 후 제 갈 길을 나아갑니다. 환경적 개입은 코뚜레가 씌워져 고삐를 묶인 채 발달의 뒤를 따라가야 하는 것입니다. 그렇기에 브루너는 '자극 → 반응'의 전통적 행동주의 도식을 (발달 수준을 넘지 않는) '적당한' 자극 → 반응으로 고치고 구체적·실용적 이미지인 건설용 발판[1]을 빌려 온 것입니다.

물론 이 두 가지 이유는 서로 연결되어 있습니다. 비고츠키의 저서들은 저자 본인의 명성에는 어울리지 않게 그리 많이 번역, 소개되어 있지 않은 편입니다. 그나마 기존에 소개된 영문판 선집도 번역 수준이 그리 만족스럽지 못할 뿐 아니라 아동 발달과 관련된 중요한 원고들은 최근에야 발굴되어 비로소 러시아어로만 소개된 처지입니다. 더

---

1. 비계라는 표현은 오직 브루너의 창작입니다. 출간된 비고츠키 저서들 중 '비계'라는 낱말이 등장하는 것은 단 1회로, 뇌 손상을 입은 어린이가 길을 찾는 과정에서 만나게 되는 방해물로 묘사됩니다. 학습과는 무관하게 문자 그대로 '비계'를 의미합니다.

상황을 어렵게 만드는 것은 비고츠키 본인이 계속해서 자신의 생각을 정교화하고 발전시킨다는 사실입니다. 이는 한 지점에 멈추어 비고츠키를 해석하기 시작하다 보면 어느새 산으로 가고 있는 모습이 쉽게 발견됩니다. 다시 말해서 근접발달영역이라는 아이디어를 올바르게 이해하려면 비고츠키 생각의 발자취를 함께 따라가 보는 전체적인 관점이 반드시 필요한 것입니다.

이 책은 이러한 전체적인 관점을 채택합니다. 그러기 위해서 우리는 비고츠키가 흔히 사용했던 방법인 '삼각측정법'을 이용하여 근접발달영역을 살펴보고자 합니다. 비고츠키는 동일한 대상을 구조적, 기능적, 발생적 관점으로 분석하기를 즐기는데 이는 그가 유물론자였기 때문입니다. 비고츠키에 따르면 어떤 구조가 나타나는 것은 특정한 기능을 수행하기 위함이며, 이러한 기능이 나타나게 된 데에는 반드시 발생적 배경이 있습니다. 사람들이 비고츠키의 이론을 문화/역사 이론이라고 부르는 것은 이 때문입니다. 놀이를 예로 들어 볼까요? 도식적으로 나타내 보겠습니다.

구조적 측면	행동＝의미	행동/의미	의미/행동
기능적 측면	역할＝규칙	역할/규칙	규칙/역할
발생적 측면	무의미	역할극	규칙 기반 놀이

놀이라는 특정한 활동의 구조는 기능에 의해 설명됩니다. 유아기에는 행동의 반복이 곧 의미, 즉 물리적 환경에 적응하는 즐거움의 근원입니다. 물론 단순 반복 속에도 반복 행위와 그 결과의 관계에 대한 이미지가 존재합니다. 반복된 행위에 따른 결과는 이제 그 자리를 바

꾸어 행위의 원인이 되고 이를 통해 반복 놀이는 지속됩니다. 이와 같이 놀이의 구조가 행동=의미가 되는 이유는 행동을 반복하는 역할 자체가 그 활동의 규칙이기 때문입니다.

그러나 곧 놀이 활동의 구조에서 행동은 의미를 지배하게 됩니다. 어린이에게 더욱 중요해지는 사회적 환경은 말과 행동으로 이루어져 있고, 구체적인 상황과 역할에 따라 이 말과 행동의 규칙이 설명되기 때문입니다. 따라서 어린이들은 전형적인 역할 모형의 이미지를 머릿속에 형성하기 시작하고 이 덕분에 역할을 반복하면서 행동을 변화시킬 수 있게 됩니다.

그러나 나이가 듦에 따라 어린이의 행동은 의미의 지배를 받습니다. 또래들 간의 갈등 해결을 위해서는 약속과 규칙을 따져야 하는 경우가 많아지는데 이 경우 규칙이 구체적인 역할보다 우선하기 때문입니다. 따라서 행동은 약속된 절차와 목적에 종사하기 위해 반복되고 역할과 상황은 추상화되어 표면 아래로 가라앉는 상황에 이르게 됩니다.

이러한 행동의 구조와 기능의 변화는 어린이 놀이가 어떻게 발달하는지 보면 알 수 있습니다. 처음에는 유아의 활동은 무의미 반복 놀이의 지배를 받지만 점차 초기 유년기에서 전 학령기에 이르는 연령기에는 역할극으로 그리고 학령기와 그 이후의 연령기는 규칙 기반 놀이로 그 활동의 중심이 변해 갑니다. 1강에서는 이 책의 전체적 접근법을 설명하기 위해 놀이에 대한 구조적, 기능적, 발생적 분석을 예시로 자세히 제시합니다.

2강부터는 우리의 본래 주제인 근접발달영역에 대한 삼각측정법이 시작됩니다. 먼저 근접발달영역을 구성하는 부분들 간의 관계를 살펴 볼 것입니다. 바로 구조적 접근입니다. 이것은 지금까지의 근접발달영 역에 대한 많은 이론들이 누락시켰던 핵심적인 요인인 '발달'을 상기시 키기 위해서입니다. 놀랍게도 『마인드 인 소사이어티*Mind in Society*』[2]에 서 근접발달영역에 대한 설명이 등장하는 장의 제목이 '학습과 발달 의 상호작용Interaction Between Learning and Development'입니다. 근접발달 영역의 분석 단위는 학습과 발달이라는 뜻입니다(어째서 '발달'이라는 말은 그 많은 학자들의 마음을 그냥 스쳐 지나간 것일까요?). 당연히 두 개 념은 구분되어야만 합니다. 비고츠키는 곳곳에서 학습과 발달이 결코 같은 것이 아니라는 점을 강조하고 있습니다.

(……) 어린이가 다른 이들의 도움으로 할 수 있는 것은 어떤 의미 에서 더욱 그들의 정신 발달을 더 잘 보여 준다……(p. 85).

(……) 좋은 학습은 발달에 앞서나가는 것이다(p. 89).

우리 가설의 가장 본질적 특징은 발달 과정이 학습 과정과 일치 하지 않는다는 것이다(p. 90).

(……) 비록 학습이 아동 발달의 경로와 직접 연관되어 있기는 하 지만 이 둘은 결코 동일한 정도로 혹은 서로 평행하게 성취되지 않 는다(p. 91).

덧붙여, 『생각과 말』 6-1은 학습과 발달의 관계를 동일한 것으로 보

---

2. 비고츠키의 글들을 모아서 편집한 책으로 처음 비고츠키를 접하는 이들이 가장 많이 읽는 입 문서입니다. 『마인드 인 소사이어티』라는 제목으로 번역 출간되어 있습니다.

거나 발달이 학습에 종속된다고 본 관점에 대한 비판으로 이루어져
있습니다. 이러한 인용들은 근접발달영역에서 사용된 '발달'이라는 용
어가 결코 '학습'과 동의어도 아니고 따라서 '학습을 위한 비계'라는
비유가 적절하지 않음을 대변합니다. 물론 '학습' 또한 형식 교육의 상
황에만 한정되는 것이 아니라 매우 광범위한 사회적 상호작용 혹은 협
력을 포함한다는 것을 지적하는 것도 중요합니다. 비고츠키는 근접발
달영역을 바르게 이해함으로써 '모방'의 위치가 재평가될 것이라고 말
합니다. 이와 같이, 근접발달영역은 학습과 어린이의 발달이 형성하
는 역동적인 문화적 개체발생의 마당이라고 해석하는 것이 가장 적합
할 것입니다. 그렇다면 근접발달영역에 대한 이러한 이해가 어떻게 발
달의 내적 경로를 이해하고 어린이의 다가올 미래를 예측하고 그의 발
달 상태를 진단하며(p. 87), 교사들에게 학교에서의 학습을 통해 자극
된 발달이 어린이 내부로 이행되는 과정을 알 수 있도록(p. 91) 해 주
는 것일까요? 이에 대한 답은 기능적 측면에 대한 고찰을 통해 찾아
볼 수 있습니다.

비고츠키는 기능을 통해서 구조를 설명합니다. 특정한 심리적 구
조가 발달되는 것은 특정한 기능의 수행을 위한 것이라는 말입니다.
예컨대 아기의 주의는 지각에 완전히 지배당합니다(지각/주의). 큰 소
리가 들리면 아기는 자연히 그쪽을 바라보고 화려한 색과 형태는
아기의 시선을 빼앗습니다. 그러나 마시멜로 테스트(Walter; Ebbe B;
Antonnette, 1972)에서 눈앞의 마시멜로를 먹지 않으려고 눈을 가리는
어린이들이 보여 주듯이 주의와 지각은 서로 자리를 바꿉니다. 이제는
지각이 주의에 종속되는 것입니다(주의/지각). 이렇게 뒤집힌 구조의

기능은 언어의 도움으로 '여기, 지금'의 족쇄에서 풀려난 어린이들의 '지연된 욕구 충족'에 기여합니다. 다시 본론으로 돌아가 보면, 근접발달영역에서 학습이 학습자의 발달을 이끈다는 것은 무엇보다도 특정 학습의 기능이 발달과 명백한 관련성을 맺어야 한다는 것을 의미합니다. 이는 얼핏 보기에 명백해 보입니다. 예를 들어, 글쓰기 능력을 발달시키려면 손으로 펜을 쥐고 글씨를 바르게 쓸 수 있는 근육 조절 기능을 연습해야 하는 것이 당연하지 않을까요? 그러나 우리가 염두에 두어야 할 것은 발달이 단일 기능이 아니라 어린이의 총체적 변화라는 것입니다. 이 책의 3강과 4강에서는 기능적 관점을 통해 문해라는 어린이 인격의 통합적 발달이 어째서 문자-소리-의미 연합 기능이나 연필 조작 기능으로 환원될 수 없으며, 문해 발달이 어떻게 '놀이', '그리기', '쓰기'라는 기능들의 재구조화를 통해 일어나는지 설명할 것입니다. 3강과 4강은 놀이, 그리기, 쓰기라는 활동 사이의 위계와 각 활동의 발달 단계들을 펼쳐 놓음으로써 문해의 근접발달영역이라는 척도를 통해 어린이의 실제적 능력을 진단하고 잠재적 발달 가능성을 측정하는 것이 어떻게 가능한지 살펴볼 것입니다.

5강에서는 비고츠키의 대표작들을 살펴보면서 근접발달영역이라는 개념 자체를 발생적 관점으로 조망합니다. 아동의 발달은 협력을 통해 나타나는 발달적 잠재 가능성을 통해서만 올바르게 측정될 수 있고 이것이 학습의 근거로 활용되어야 한다는 생각은 비고츠키가 근접발달영역이라는 용어를 고안하기 이전부터 비고츠키의 저서 전반에 스며들어 있었습니다. 그러나 문해 발달을 측정할 때 놀이, 그리기, 쓰기와 같은 척도가 필요했듯이 전체적인 아동 발달을 측정하려면 아동 발달의 일반적 법칙을 이해하고 그로부터 발달의 주기적 일정표를 도출해야 합니다. 비고츠키는 그의 일생의 후반부를 이러한 아동 발달 측정용 척도를 정교화하는 데 헌신하였습니다. 그리하여 근접발달영역이라는 구체적인 용어는 비고츠키가 사망하기 1년 정도 전에야 그의 원고에 등장하기 시작합니다. 5강은 가장 최근에 입수된 비고츠키의 원고의 내용을 포함하며 비고츠키가 근접발달영역이라는 생각을 어떻게 발전시켜 왔고 가장 성숙한 비고츠키가 제안하는 근접발달영역의 구체적인 모습이 어떤 것인지 간략하게 살펴볼 것입니다.

이 책은 비고츠키 연구회가 2015년 강원도 창의공감교육 정책 연구회 합동 공개강좌에서 '발달 중심 교육'을 주제로 강연할 당시 발표 자료와 내용을 재구성한 것입니다. 원래의 발표 원고는 데이비드 켈로그 교수가 집필하고 연구회 교사들이 번역하였으나 후에 책으로 출간하기 위해 교실 데이터를 삽입하고 현장 강의식으로 문장을 다듬었습니다. 3, 4강과 5강은 하나의 주제이지만 각 부분을 맡은 발표자가 달랐기 때문에 따로 구분하였고 강의 중 질문이 나온 경우에는 그 강의가 끝나는 부분에 질문과 그에 대한 답을 문답 형식으로 삽입하였습니다.

많은 독자들이 비고츠키의 이론에 관심을 가지고 소중한 시간을 투자해서 어려운 책을 찾아 읽는 것은 반드시 여기에 새로운 교육의 희망이 있으리라는 믿음 때문이라고 생각합니다. 이 책은 그러한 희망이 구체적으로 무엇인지 공유하고자 하는 시도입니다. 비고츠키가 우리에게 주는 위안은 먼저 교수-학습이 어린이의 발달을 이끄는 선도적 역할을 한다는, 따라서 교육은 올바른 미래를 창조하는 핵심적인 길이라는 사실에 대한 확신입니다. 그러나 비고츠키의 이론은 선언적인 논증에서 훨씬 나아가 그러한 발달을 이끄는 교수-학습이란 어떤 것이어야 하는지 구체적인 지침까지 줍니다. 이는 단순히 어린이 수준에 맞는 적당한 교육 내용과 적당한 수준의 설명 방법으로 교육과정상 주어진 지식과 기능을 용이하게 습득하도록 하는 수업 기술에 대한 논의가 아닙니다. 비고츠키에게 교육은 지식과 기능의 습득에 제한되는 미소발생의 문제가 아니라 어린이의 전 인격적 발달과 밀접한 관련을 맺는 개체발생의 문제이기 때문입니다. 비고츠키에게 교육은 자유의지를 향한 여정이며, 어린이가 그러한 발달의 노선을 타고 갈 수 있도록 이끌어 주는 원동력입니다. 그렇기에 우리가 발달의 척도로서 근접발달영역을 받아들이는 순간 교육과정상의 혁명은 필연적이 될 수밖에 없습니다.

물론 우리가 택하는 관점도 비고츠키에 대한 여러 가지 해석 중 하나입니다. 그러나 이 책에서 우리가 취하는 관점은 학자의 관점이 아닌 학교 현장의 교사들로서의 관점입니다. 매일매일 학생들과 교과지도로, 나. 생활지도로 전쟁을 치러야 하는 교육의 최전선 전사로서 우리는 결코 상대주의적 관점으로 '너도 옳고 재도 옳으니, 너희가 그릇되다 한 우리가 잘못이구나'라는 식의 황희 정승 놀이에 안주할 수 없습니다. 우리는 비고츠키와 마찬가지로 구체적 사고를 극복하고 추상화와 일반화를 통한 개념적 사고가 발달해야 한다고 믿으며(p. 89), 외국어 학습이란 단순한 의사소통이 아닌 모국어의 숙달을 위한, 혹은 모국어로 형성된 자아의 사고 과정의 숙달을 위한 필수적인 수단 중 하나라고(Выгодский, 1934) 믿습니다. 짧은 삶을 살았던 비고츠키는 우리에게 이론적으로 완성된 근접발달영역을 넘겨주지 못하고 세상을 떠났습니다. 그러나 그의 입말이 멈춘 순간이 후세들에게는 그의 글말과 생각이 시작되는 순간이 되었고 비고츠키의 논의를 우리의 맥락에서 시작하는 출발점이 되었습니다. 비고츠키의 논의를 이어 나감으로써 우리에게 시급한 교육 현장의 활로를 모색할 수 있을 뿐 아니라 아직 꽃피지 못한 비고츠키의 아이디어를 만개시키는 새로운 마당을 열게 될 것입니다. 이 짧은 강의록이 산 자와 죽은 자 모두 발달을 향하게 하는 교육과정 개발의 불쏘시개가 되기를 바라 마지않습니다.

참고 문헌

Hedegaard, M.(1998), Situated Learning and Cognition: Theoretical Learning of Cognition, *Mind Culture and Activity* 5, 2: 114-26.

Lave, J. and Wenger, E.(1991), *Situated Learning: Legitimate Peripheral Participation*, Cambridge: Cambridge University Press.

Moll, L. C.(1990), 'introduction' L. C. Moll(ed.), *Vygotsky and Education. Institutional Implications and Applications of Sociohistorical Psychology*, 1-27, Cambridge: Cambridge University Press.

Vygotsky, L. S.(1978), *Mind in Society: The Development of Higher Psychological Processes*, Cambridge, MA: Harvard University Press.

Walter, M and Ebbe B. E. and Antonnette, R.(1972), Cognitive and Attentional Mechanisms in Delay of Gratification, *Journal of Personality and Social Psychology*, Vol 21(2), 204-218.

Выгодский, Л. С.(1934), *Мышление и речь: психологические исследования*, Москва; Ленинград: Гос.учеб.-пед.изд-во.

비고츠키 L. S.(2009), 『마인드 인 소사이어티』, 서울: 학이시습.

1강

서론:
'수업과 수업 사이'에 대한
세 가지 관점

인류 역사를 통해 자연적으로 진화된 근접발달영역-놀이

다음 그림은 『어린이 자기행동숙달의 역사
와 발달 II』 표지 그림으로 사용된 러시아 화
가 보그다노프-벨스키의 「쉬는 시간」[1]이라는
작품입니다. 그는 비고츠키가 학생이었을 때
부터 어린이에 대해 연구하던 무렵까지 러시
아 학교 어린이들의 모습을 그렸습니다.

오늘 우리는 쉬는 시간 전후로 진행되는
학교 수업을 세 개의 눈으로 살펴볼 것입니
다. 즉 학교 수업과 발달을 구조적 관점(교사, 학습 내용, 어린이 간의 관
계로서 바라보는 관계적 관점), 기능적 관점(학습과 같은 '목표'나 발달과
같은 '목적'의 관점), 발생적 관점(학교 수업 전과 후에 일어나는 일들의 관
점)에서 고찰할 것입니다

그림 속의 아이들은 체스를 두고 있습니다. 비고츠키는 죽기 2년 전

---

1. 쉬는 시간은 러시아어로 между уроками로, 영어와 동일한 표현(between lessons)을 가지
   고 있습니다. 이 책의 주요 모티브인 발달과 학습의 차이, 기능적 활동들 사이의 거리, 비고츠
   키 자신의 생각의 도약, 즉 간단히 말해 근접발달영역을 비유적으로 나타내기 위해 이 그림으
   로 강의를 시작합니다.

쯤 진행된 레닌그라드 강의에서 다음과 같이 묻습니다.

"체스를 둔다는 것은 무슨 의미일까요? 가상 상황을 만들어 내는 것입니다. 왜 그럴까요? 기사, 왕, 여왕 등이 정해진 규칙으로만 움직일 수 있기 때문입니다. 또한 말을 지키거나 잡는 것은 순전히 체스 개념이기 때문입니다, 등등. 체스가 실제 생활 관계를 직접 대체하는 것은 아니지만, 우리는 여기서 일종의 가상 상황을 만나게 됩니다. 규칙이 있는 가장 단순한 어린이 게임을 생각해 봅시다. 게임이 특정한 규칙에 따르는 순간 많은 실제 행위의 가능성이 배제된다는 의미에서 게임은 즉각 가상 상황이 됩니다."

위 표지 그림과 마찬가지로 이 인용문도 오늘의 논의를 시작하기에 적절해 보입니다. 우리는 먼저 체스에 대한 비고츠키의 접근법을 구조적(관계적), 기능적(동기적), 발생적(발달적)으로 생각해 본 후, 교실 상황으로 돌아가 구조적, 기능적, 발생적 관점에서 발달영역을 설계하는 문제에 접근하고자 합니다.

1.1 구조적 관점에서 본 게임

첫 번째는 구조적 관점입니다. 「쉬는 시간」 그림을 잠시 다시 살펴볼까요? 그림의 어린이들이 하고 있는 게임은 사실 비고츠키가 말한 체스가 아니라, 본래 중국 전국 시대(기원전 475~221)에서 비롯된 매우 오래된 형태의 '장기'입니다. 체스와 장기의 가상 상황은 완전히 다릅니다. 장기판 중앙에 있는 공간은 한나라와 초나라를 가르는 초강입니

다. 그러나 어린이들이 장기를 둘 때 과
연 이 공간을 초강이라고 상상할까요?
아닙니다. 이는 또한 비고츠키가 체스
규칙이 가상 상황을 만든다고 했을 때
의미한 그 가상 상황도 아닙니다.

비고츠키가 의미한 바는, 어린이가
체스를 두기 위해서는 특정 말이 특정
한 방향으로만(예컨대 대각선 방향으로

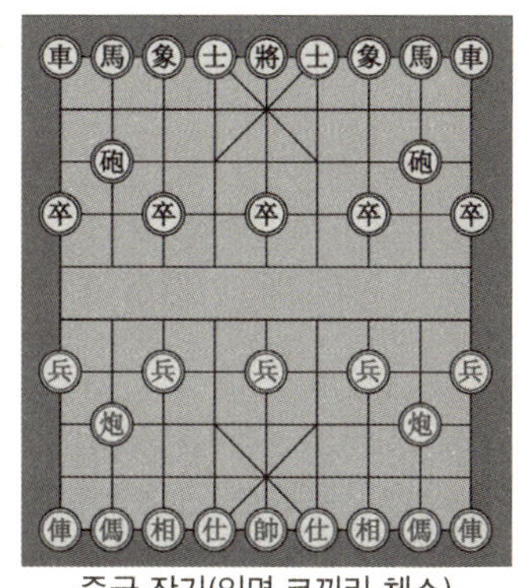

중국 장기(일명 코끼리 체스)

만) 움직일 수 있다는 것을 상상할 수 있어야 한다는 것입니다. 말이
다른 방향으로 움직이는 것이 물리적으로 불가능하지는 않지만 게임
규칙에 어긋나기 때문에 그 움직임은 불가능한 것으로 여겨져야 합니
다. 따라서 체스 게임을 진정 가능하게 하는 것은 어떤 말이 모형 기
사나 모형 코끼리象라고 상상하는 것이 아닙니다. 체스를 가능하게 하
는 것은 한 말이 어떤 길로는 갈 수 없지만 다른 길로는 갈 수 있음을
상상하는 것이며, 나아가 다음 차례에서 자기 말로 상대방 말이나 왕
을 잡을 수 있다는 것을 상상하는 것입니다. 바로 그것이 체스를 물건
을 가지고 하는 새로운 종류의 역할 놀이가 아닌, 새로운 의미와 행위
구조로 만드는 것입니다.

특정 연령의 어린이가 새로운 가상 상황이나 새로운 말 이동법을
알게 되는 것은 단지 또 다른 형태의 학습일 뿐입니다. 그러나 말을
지키거나 잡는다는 모든 체스 개념들을 비롯해, 체스 판의 추상적·관
계적 관점을 알게 되는 것은 발달의 한 형태입니다. 어린이가 체스 두
는 법을 알고 나서 장기 두는 법을 배운다고 해서 우리는 이를 발달

이라 부르지는 않습니다. 이는 학습일 뿐입니다. 그러나 체스는 단순한 모의 전쟁이 아니며, 그 속에는 적어도 이론적으로는 상황에 맞는 단 하나의 최선의 수가 존재하는 복잡한 형태의 조건적 계산이라는 것을 이해할 때, 어린이는 정신적으로 발달하는 것입니다.

그러한 정신 발달은 구조적 변화입니다. 정신 발달은 특정한 게임 형태와는 완전히 무관합니다. 예를 들어 볼까요? 제가 중국에 있을 때 긴 기차여행을 하던 중 덴마크 체스 최강자 출신의 여행객을 만난 적이 있습니다. 저는 그에게 장기 두는 법을 가르쳐 주었는데, 그는 말이 어떻게 움직이는지 헷갈리면서도 난생 처음 둔 장기에서 저를 간단히 이겨 버렸습니다.

학교가 부실하게 계획된 발달영역이 된 이유에 대해 우리가 우선 고려하고 싶은 점은, 일부 교육과정(우리는 문해의 예를 들 것입니다)이 발달(지식 구조와 특히 지식과 실천의 구조에서의 변화)이 아니라 학습(지식의 형태나 내용에서의 변화)을 촉진시키키도록 계획되어 있다는 것입니다. 교사의 관점에서 볼 때 이 둘은 실제로 완전히 다른 기능입니다.

1.2 기능적 관점에서 본 게임

우리는 구조의 변화를 기능의 변화로 설명합니다. 전 체스 챔피언이 처음 두는 장기에서 저를 쉽게 이길 수 있었던 것은 그가 게임의 형태에 상관없이 말을 지키고 잡는 구조, 즉 부분들 간의 관계를 파악하고 있었기 때문입니다. 그러나 이러한 구조는 공격과 방어와 같은 기능들 때문에 의미를 갖는 것입니다. 어린이는 이 기능들을 매우 구체적인 방식으로(가상 전쟁으로) 이해할 수 있지만, 또한 매우 추상적인 방식으로 상상할 수도 있습니다. 어린이가 이 전반적인 기능들을 어떻게 이해하는지에 따라 우리는 어린이가 게임을 어떻게 구조화하는지 알 수 있습니다.

마찬가지로, 발달하는 어린이의 인격에서 발견되는 구조는 그것이 수행해야 하는 기능들로 인해 특정한 형태의 구조를 갖게 됩니다. 생물학적 측면에서 예를 들어 보면, 어린이의 팔, 다리, 신경계, 내분비계는 그것들이 수행해야 하는 기능들 때문에 지금 존재하는 방식으로 구조화된 것입니다. 그러나 이는 심리학적으로도 이해될 수 있습니다. 소쉬르는 생각과 말이 그 자체로는 본질적으로 구조화되어 있지 않다고 보았습니다. 생각들은 서로 명확히 분리되어 있지 않으며, 말을 할 때 소리 흐름 자체는 전혀 분할되지 않고 단어나 문장조차도 계속 이어지는 경우가 흔합니다. 우리도 수다를 떨 때 흐름이 끊기지 않도록 문장이 끝남과 거의 동시에 '그래서'와 같은 연결어를 덧붙이곤 하지요? 생각과 말은 서로 민나시 엮이며 서로를 분해함으로써 비로소 구조를 획득합니다. 구조라는 말 자체가 부분들 사이의 관계를 뜻하므로 그 부분들이 특정한 기능의 수행을 위해 관계 맺는 양상에 따라 구조는 만들어지기 마련입니다. 다시 말해, 우리는 기능을 하나의 체계로 함께 관계 지음으로써 구성 부분들이 서로를 구조화하는 것을 발견합니다.

또 다른 예를 들어 봅시다. 지각과 주의를 살펴보면 훨씬 명확해집니다. 아기가 엄마의 웃는 모습을 보고 따라 웃을 때 아기의 지각은 아기의 주의를 구조화하지만, 조금 더 커서 보이지 않는 엄마를 두리 번대며 찾게 될 때에는 주의가 지각을 구조화하게 됩니다. 이것은 주의와 기억에 대해서도 동일하게 성립합니다. 어린이가 게임하는 법을 배울 때, 처음에는 자신이 주의를 기울인 것만 기억하지만, 실수했던 기억은 점차 어린이의 주의를 구조화할 것입니다. 체스 게임에서는 공격과 방어 기능이 각 말이 갈 수 있는 길로 구조화되는 것처럼, 이 모든 기능들은 서로를 구조화합니다. 따라서 발달영역을 설계할 때, 우리는 다양한 심리적 구조의 발달이 어린이의 다양한 일상 활동 기능들의 발달에 의존한다는 것을 염두에 두어야 합니다.

1.3 발생적 관점에서 본 게임

이제 세 번째 발생적 관점으로 나아가 봅시다. 발생적 관점은, 기능적 관점이 구조적 관점을 포함하고 설명하는 것과 같이, 기능적 관점을 포함하고 설명합니다. 그러나 발생적 관점은 기능들을 설명하기 위해서 기능들의 변증법적 상호 재구조화를 통해 일어나는, 시간에 따른 변화를 전면에 내세울 필요가 있습니다. 비고츠키가 체스 같은 모든 추상적 게임의 근원에 가상 상황이 놓여 있다고 지적할 때, 그는 게임의 역사적 기원에 대해 말하고 있는 것입니다.

2002년 월드컵에서 한국은 4강에 올랐습니다. 전국의 어린이들이 이때를 전후로 축구에 열광하기 시작했지요. 연구실 창밖으로 아주 어린 아이들이 벌떼같이 공을 따라다니면서 골대가 어디인지도 모르고 공을 차는 모습을 지켜볼 수 있었습니다. 조금 더 큰 어린이들은 운동장 전체를 누볐으며, 골대에 골을 넣었을 때는 안정환 선수가 했던 것처럼 결혼반지에 키스를 하는 골 세리머니를 흉내 내기도 했습니다. 하지만 가장 큰 어린이들만이 한국이 스페인을 상대로 승부차기에서 승리를 거두어 4강에 진출하게 된 난해한 규칙을 실제로 이해할 수 있었습니다. 똑같은 게임을 하는 서로 다른 세 무리의 어린이들을 통해 우리는 체스와 같은 규칙 기반 게임들의 발생적 역사, 즉 게임들이 가상 상황들에서 어떻게 발생했는지 그리고 이러한 가상 상황들이 목적 없는 행위에 불과한 놀이에서 어떻게 발생했는지를 볼 수 있습니다.

축구하는 어린이들은 수천 년 동안의 게임의 모습을 보여 줍니다. 다양한 연령의 어린이들이 같은 게임을 하지만, 어린 아이들은 대개 상대적으로 목표나 목적 없이 게임을 하기 때문에 전적으로 행위가 의미를 지배하며, 좀 큰 어린이들은 여전히 자신들이 모방하는 것이 정확히 무엇인지 잘 이해하지 못하는 상태로 어떤 역할 모델을 흉내 내고, 가장 큰 어린이늘만이 추상적 규칙에 따라 숙련된 행동을 분석해 냅니다.

그 과정은 어린이들이 도구 사용법을 배우는 것과 크게 다르지 않습니다. 어린이들은 처음에는 상대적으로 아무 생각 없이 도구를 다루다가, 기초 기술들에 대해 별다른 주의를 기울이지 않고 장인의 행위를 흉내 내면서 유사한 결과를 얻으려 애쓰며, 상대적으로 성숙한 연령에 도달해서야 새로운 창조적인 방식으로 장인의 기술을 적용할 수 있게 됩니다. 핵심 활동은 변하지 않기 때문에, 어린이는 처음에는 그냥 한번 해 보다가, 전문가를 지켜본 후 목표로 삼고, 마침내 자기 모방을 통해 여러 행위 과정 중 하나를 선택하는 법을 배움으로써 큰 성취를 이루는 것이 가능해집니다.

물론 수업을 통해 계획되는 근접발달영역은 이와 다릅니다. 첫째, 교실은 도구 조작이 아닌 기호 습득을 위해 설계된 것이며, 그 속에서 모든 학생은 같은 연령으로 대략 동일한 발달 수준에 있거나 그렇다고 가정되기 때문입니다. 둘째, 문해, 수리, 국어, 과학 등은 명확히 명시된 결과를 갖는 단일 활동이 아니라, 본질적으로 그 결과가 명시될 수 없는 복합적인 문화적 실천 체계이기 때문입니다.

그러나 계획된 근접발달영역은 진화된 근접발달영역과 완전히 다를 수 없습니다. 어찌 되었건 비행기 날개조차도 새의 날개와 기능적 유사성은 물론이고 구조적 유사성을 지닙니다. 그것이 잘 기능하려면 가볍지만 강해야만 하며, 그러한 요구를 충족하는 방식들은 많지 않기 때문입니다. 인간의 날개와 새의 날개의 큰 차이점은 그 발생적 경로뿐입니다. 따라서 교실을 위해 최적으로 계획된 근접발달영역 역시 체스나 게임과는 전혀 다른 발생적 경로를 가지겠지만, 또한 그것은 게임과 기능적으로 구조적으로 놀라운 유사성을 가질 수 있을 것입니다.

2강

구조적 관점:
어린이, 교육과정, 실제 간의
관계로서의 교육

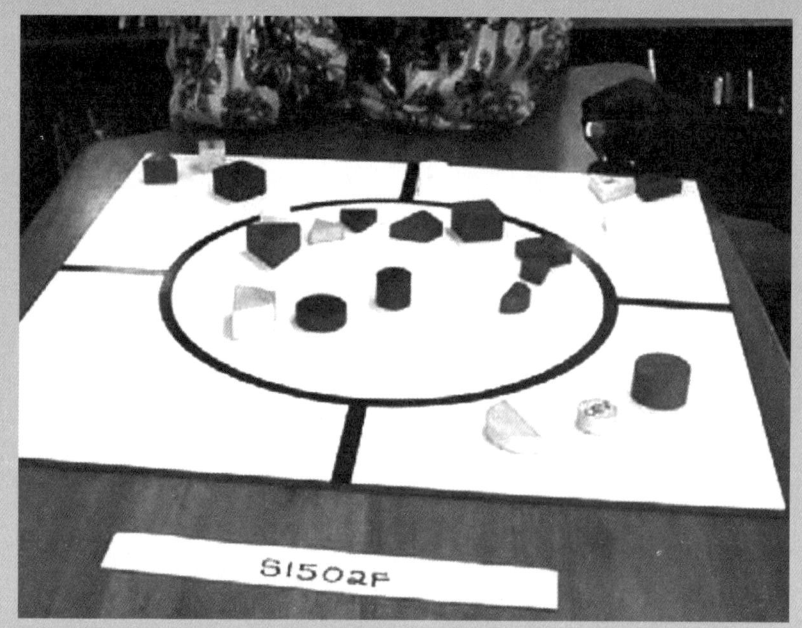

비고츠키와 사하로프의 블록 실험 재연 장면. 어린이들은 높이, 지름, 단면, 색깔이
서로 다른 블록들을 일관된 기준에 따라 분류하도록 요구받았다.

『생각과 말』에서 비고츠키는 두 가지 매우 다른 방법을 이용하여 개념 형성을 기술합니다. 첫째, 그는 블록 퍼즐을 사용합니다. 비고츠키는 어린이가 어른의 도움 없이는 어떻게 생각하며, 간접적 힌트를 주었을 때는 생각이 어떻게 변하는지 이해하고자 합니다(5장, 사하로프 블록 실험). 둘째, 비고츠키는 대학원생 제자인 쉬프에 의해 수행된 교실 연구를 인용합니다. 그는 어린이가 자신들이 이해하지 못하는 개념과 마주하였을 때, 그리고 직접적인 힌트가 주어졌을 때 어떻게 행동하는지 조사했습니다(6장, 초등학교 2학년 학생들에게 스탈린주의를 가르치려는 시도).

비고츠키는 『상상과 창조』에서도 두 가지 매우 다른 방법을 사용합니다. 어린이의 상상은 어떤지, 창조적 과정에서 어른의 개입 자체가 어떻게 어린이의 상상을 (대체하는 것이 아니라) 진척시키는지 이해하기 위하여 비고츠키는 첫 번째 방법으로 거리의 어린이들의 그림과 노래를 조사하고, 교실 연극과 학급 신문에서의 어린이들의 자발적 문학 작품을 조사해서 비교합니다. 두 번째 방법으로 비고츠키는 농촌 어린이들에게 문학적 언어를 가르친 톨스토이의 사례 연구[1]를 논의합니다.

　여기서 우리는 비고츠키와 같이 두 가지 방법으로 학습과 발달의 구조를 살펴보겠습니다. 첫째, 우리는 브루너와 피아제의 방식으로 수업을 볼 것인데, 이는 많은 교사들이 제일 먼저 수업에 접근하는 방식이기도 합니다. 이 관점은 학생과 학습 내용의 관계를 난이도를 통해 이해합니다. 다시 말해, '가르칠 내용이 얼마나 어려운가?', '어려운 내용은 언제 학습 가능해지는가?'와 같은 질문에 대해 노출 빈도나, 학습 내용의 길이 또는 학습 가능성과 같은 개념으로 답하려는 시도입니다. 이러한 시도는 문제의 일부 측면을 묘사할 뿐 전체를 설명하지 못합니다. 물론 피아제와 브루너의 학습 가능성이라는 개념은 학습 내용 자체에 대한 기술에서 벗어나 학습자의 내적 관점에서 학습의 문제에 다가가지만 이 학습 가능성 역시 설명이 필요한 개념입니다. 발달이 어떻게 학습을 준비하는지(피아제), 학습과 발달이 어떠한

---

1. 자신이 어린이들로부터 '배웠다'는 둥, 페트카와 셈카의 작품은 러시아 문학에서 유래를 찾기 힘든 걸작이라는 둥 호들갑을 떨지만, 그것은 톨스토이의 주관적 기대일 뿐 사실 어린이들의 독립적 능력은 사례에서 많이 드러나지 않습니다.

관계를 맺는지(브루너) 설명하지 못하기 때문입니다. 그러나 이 문제는 발달 가능성이라는 개념을 도입하는 순간 매우 쉽게 해결됩니다. 협력을 통해 학습 가능한 것이 바로 발달 가능한 것이기 때문입니다.

둘째, 실제 학습이 일어나고 있는 현장에서 어떤 일이 일어나는지 관찰할 것입니다. 우리는 초등학교 2학년 학생들과 함께 비유적 언어를 공부하고 있는 교사를 살펴볼 것이며, 그 교사가 가르치고 있는 내용이 적어도 그 교실에 있는 대부분의 어린이들에게 있어서 발달 가능한 것으로 보이지 않는다는 데 주목합니다. 수업 내용이냐 학습자냐의 양자택일 상황에서 교사는 올바르게 후자를 선택합니다. 자신의 잘못은 아니지만 교사는 사실상 '진실을 말하는 거짓', 즉 비유적 표현을 가르치는 데 실패하고 맙니다. 어린이의 생각이나 교사의 말 속에 비유적 언어의 구조는 드러나지 않습니다. 우리는 여기에서 근접발달영역의 형성에 실패한 교육과정의 예를 보게 됩니다.

이를 바탕으로 우리는 정직하면서도 학습 가능한 문해 수업을 어떻게 제공할 수 있는지 논의할 것입니다. 우리가 제시하는 답은 놀이에서 발견되는 자연석으로 진화된 근접발달영역과 매우 가깝습니다. 물론 이 둘 사이에는 중요한 차이가 있습니다. 놀이에서는 게임과 실제 생활 간의 관계가 비현실적이지만(체스의 규칙과 역할은 오직 게임에만 한정됩니다) 고안된 근접발달영역이 향하는 방향은 구체적이고 실제적입니다.

먼저 구조, 관계, 무엇보다도 진정한 교육과 거짓들 간의 관계, 혹은 거짓을 말하는 거짓(비고츠키는 이를 '공허한 언어'라 부릅니다)과 진실을 말하는 거짓(즉 비유적 언어) 간의 관계에 대해 이야기해 봅시다.

2.1 피아제, 비고츠키, 브루너: 학습 가능성과 발달 가능성

교사들은 실제적입니다. 모든 교수 내용에 대한 교사들의 첫 질문 중 하나는 '얼마나 어려운가?'입니다. 이것은 사실 매우 어려운 질문입니다. 난이도는 하나의 추상적 속성으로 구성된 균일한 개념이 아니라 서로 다른 방법으로 측정되어야 하는 다양하고 구체적인 특성들이 혼합된 이질적 복합체이기 때문에, 난이도를 측정하는 것은 쉬운 일이 아닙니다.

난이도 측정에 관한 가장 단순한 생각은 아마도 외국어 교육에서 찾아볼 수 있을 것입니다. 외국어 교육에서 학습에 대한 생각은 여전히 백 년, 아니 이삼백 년 전 연합심리학의 손아귀에서 벗어나지 못하고 있습니다. 원어민이 이상적 형태라면 접촉 빈도가 학습의 전부가 될 것입니다.

외국어 교육 분야의 많은 교수들(예컨대 M. West, M. Lewis, D. Larsen-Freeman, L. Cameron, N. Ellis, I. P. Nation과 같은 저명한 학자들도)은 어려운 어휘는 흔히 보는 단어가 아니라서 어려운 것이며, 쉬운 어휘는 자주 보는 것이라서 쉬운 것이라고 믿습니다. 최고의 영어 교사들 중 많은 이들이 우리나라와 같은 '영어를 외국어로 배우는 상황(EFL)'에서 중요한 것은 단지 충분한 노출이라고 믿습니다. 따라서 마치 빈 컵에 우유가 다 차면 흘러넘치는 것처럼, AFKN을 지속적으로 보여 주면, 필요한 만큼의 입력이 채워지고 출력을 시작할 것이라고 생각합니다.

물론 이것은 사실이 아닙니다. 첫째, AFKN에서 흔히 사용되는 말은 우리나라 영어 교실 상황에서 만나게 되는 표현과 무관합니다. 둘째로, 빈도가 난이도를 결정한다면 가장 좋은 교수법은 반복일 것입니다. 그렇다면 영어에서 가장 배우기 쉬운 낱말은 가장 자주 나오는 'the'가 될 것입니다. 그러나 실상은 이와 반대입니다.

셋째, 학습자의 입장에서 가장 중요한 것은 빈도가 높은 단어들이 바로 높은 빈도 때문에 불규칙하다는 사실입니다. 'have', 'go', 'be'와 같은 동사들은 모두 불규칙 동사들이며, 'children', 'teeth', 'clothes'는 모두 불규칙 명사입니다. 똑같은 이유로 'one', 'two', 'three'와 같은 수들은 불규칙합니다. 그러나 더 큰 수들은 다 규칙적입니다. 빈도가 높은 낱말들은 학습자에게 불규칙 변화를 기억할 것을 요구하므로 어렵습니다. 그러나 빈도가 낮고 규칙 변화하는 낱말들은 그만큼 덜 익숙한 개념과 창조적인 생각을 요구하므로 어렵습니다. 기억하는 것과 생각하는 것은 둘 다 어렵지만, 이 어려움들은 각기 다른 기능과 다른 발달 수준을 상정하는 어려움들로 서로 성격이 다릅니다.

만약 빈도가 아니라 단어의 길이로 난이도를 측정한다면 어떨까요? 글쎄요. 'elephant'는 꽤 길지만 쉬운 단어이고 'be'는 꽤 짧지만 상당히 난해한 단어입니다. 이것은 문장에 있어서도 마찬가지입니다.

a. "On Monday, Elfie the Elephant got up at seven o'clock, showered with his trunk, had his breakfast of peanuts and milk, brushed his short white tusks with a blue plastic toothbrush and some peanut-flavored toothpaste, and went off to elephantary school."

b. "To be or not to be: That is the question."

S. 싱갈(2012), 「칫솔로 그린 코끼리」와 『To be or not to be』의 최초 인쇄본.

긴 문장 a는, 코끼리 Elfie가 누군지 몰라도, 'elephantary'가 실제로 존재하지 않는 단어라 해도 별로 이해하기 어렵지 않습니다. 어떤 경우에는 "brushed his tusks"보다 "brushed his short white tusks with a blue plastic toothbrush and some peanut-flavored toothpaste"처럼 문장을 길게 할수록 더 이해하기 쉬워지기도 합니다. 그러나 b의 짧은 문장 "To be or not to be: That is the question"은 길이가 짧고 빈도가 높은 단어들로 이루어졌음에도 불구하고, 이해하기 쉽지 않습니다. 뛰어난 학자들이 이 문장을 400년 동안이나 읽고 또 읽으며 이해하기 위해 애써 왔습니다.

따라서 빈도, 낱말의 길이, 혹은 문장의 길이는 외국어 교육에서의 난이도를 측정하는 좋은 척도가 될 수는 없는 것으로 보입니다. 우리는 과학이나 수학, 예술, 윤리, 사회, 심지어 국어에서 난이도는 친숙함이나 길이가 아닌 '학습 가능성'임을 알고 있습니다. 물론 학습 가능성은 변합니다. 그리고 이것은 친숙도나 길이에 따라 변하는 것은 아닙니다. 3학년에게 학습 불가능했던 개념이 갑자기 6학년에게 학습 가능해집니다. 신기하게도 어른에게 학습될 수 없는 것이 어린이에게

는 쉽게 학습될 수도 있습니다(예컨대 외국어의 발음이나 러시아어의 격변화). 따라서 학습 가능성 또한 설명이 필요할 것입니다.

1960년 미국의 J. 브루너는 학습이 오직 어린이 안에 이미 독립적으로 발달된 것 위에만 세워질 수 있다는 피아제의 생각에 이의를 제기합니다.

우리는 어떤 내용이든 지적으로 정직한 모종의 형태를 통해 어느 발달 단계에 있는 어떤 어린이게도 효과적으로 가르칠 수 있다는 가설로 시작한다(1960: 33).

피아제는 다음과 같이 답합니다.

내가 미국에서 나의 단계 이론의 어떤 측면을 자세히 설명할 때 '어떻게 그 발달을 촉진시킬 수 있는가' 하는 질문을 받지 않은 적이 거의 없었다. 뛰어난 심리학자 J. 브루너는 옳게만 구성한다면 어떤 나이의 아이에게 어떤 것이라도 가르칠 수 있다고 말하기에 이르렀다. 이에 대한 나의 대답은 두 개의 질문이다. 즉 첫째, 네 살짜리에게 상대성 이론이나 명제 조작, 가설-연역적 조작을 이해하게 만드는 것이 과연 가능할 것인가? 둘째, 어째서 아기는 자신이 보고 있는 물건이 막으로 가려져도 계속 존재한다는 것을 9개월 이상이 되어서야 알게 되는 것인가? 아기와 달리 새끼 고양이는(고양이에게도 인간과 같은 원시적인 단계가 존재한다는 것을 발견한 H. 그루버의 연구에서) 이를 3개월이면(비록 이후에는 연속위치협응에 있어 더 이상의 발달을 하지 않지만) 알게 된다(1971: 19-20).

물론 피아제가 브루너의 질문에 대답한 것이라 보기는 힘듭니다. 어떤 아이에게 어느 때 무엇이라도 가르칠 수 있다는 말은 모든 것이 모든 어린이에게 지적으로 정직한 '모종의' 형태로 가르쳐질 수 있다는 말과 매우 다릅니다. 여기서 피아제는 지적으로 정직하지 않습니다.

상대성 이론은 어떤 형태로든 시간과 공간의 관계를 수반하며, 명제 조작은 어떤 형태로든 상황을 언어적으로 부호화하는 것을 수반합니다. 시간의 길이에 대해 말할 때나 어떤 일을 월요일 '전'에 하거나 아침식사 '후'에 한다고 말할 때 우리는 이 둘을 모두 행하고 있는 것입니다. 우리는 이것을 네 살배기에게 완전히 정직한 방식으로 가르칠 수 있고, 아이들은 그것을 '모종의' 형태로 이해합니다. 이 모종의 형태는 언젠가 때가 되면 좀 더 복잡한 시공간 개념과 명제 조작으로 발전하게 될 것입니다.

만일 지적 부정직함을 논외로 한다면, 우리는 피아제의 자문자답이 비고츠키의 입장과 사실 그리 다르지 않다는 것을 알 수 있습니다. 피아제는 모든 개념적 구성과 조작적 구성은 각자의 최적, 혹은 최대 시기를 가지고 있다고 말하며, 비고츠키도 거의 비슷한 것을 말합니다. 그러나 비고츠키에게 있어 이것은 기능과 체계의 문제이지 개념적, 조작적 '구성체'의 문제가 아닙니다. 사실, 비고츠키에게 있어서 기능들 간의 관계, 심지어 그 기능 자체는 독립적 구성이 아니라, 사회문화적 관계로부터 언어화를 통해 심리적인 것이 된 것을 나타냅니다. 그러나 피아제와 비고츠키 모두에게 그것은 "지금이 아니라면 나중에 오리라. 다만 준비할 뿐!"(햄릿, 5.2.194)

따라서 우리는 구조적 관점에 관한 나머지 논의에서 브루너, 피아제, 그리고 무엇보다도 비고츠키의 관점을 통합하고자 합니다. 어떻게 비유적 언어라는 주제를 지적으로 정직한 방법으로, 그럼에도 불구하고 문해, 특히 문학적 체험의 기저에 놓인 심리적 기능과 기능 체계 발달의 최적기를 존중하는 방식으로 어린이에게 가르칠 수 있을까요?

2.2 국어 교육과정에서의 비유적 언어: 거짓을 말하는 거짓말

이제 실제 수업 데이터를 주의 깊게, 구조적으로 들여다보기로 합시다.

아래는 초등학교 2학년 국어 수업 상황입니다. 교사와 아이들은 이제 막 '새싹의 전화'라는 글을 읽었습니다. 글 속에서 봄의 새싹이 한 어린이에게 전화하여 밖에 나와서 놀자는 초대를 합니다. 아래에서 확인할 수 있듯이 어린이들은 거짓을 통해 진실을 드러내는 문학적 기법인 '비유적' 언어 사용을 이해하는 데 어려움을 겪고 있습니다. 비유

적 언어는 사실이 아님에도 진실을 말하고 심지어 사실을 설명하기까
지 합니다.

이 선생님의 발화는 교사용 지도서에 나와 있는 교사의 발화와 매
우 흡사합니다. 그러나 당연하게도 이 의심 많은 어린이들의 응답은
지도서에는 나와 있지 않습니다. 우리가 앞에서 확인했듯이 학습과
발달은 구별되지만 연결되어 있습니다. 비고츠키에 의하면 이 둘이 매
우 강하게 연결되어 있기 때문에 교사들은 주로 발달된 것이 아닌 발
달 중인 것에 학습의 초점을 맞춥니다. 다시 말해 교사들은 어린이들
에게 배울 준비가 완료된 것이 아닌 '거의' 준비가 된 것을 가르치는
경향이 있습니다.

어린이들이 아직 배울 준비가 되지 않았다는 것은 지도서에 있는
것과 같은 이상적인 대답을 하는 어린이는 거의 없다는 사실에서 확
인할 수 있습니다. 비고츠키는 교사의 일을 전차 운전사와 인력거꾼의
일에 비교합니다. 전차 운전사와 인력거꾼의 일에는 신체적 노동 요소
와 정신적 노동 요소가 모두 존재하지만 그 양상은 매우 다릅니다. 비
고츠키는 한 명 한 명에게 서비스하기 위해 자신의 힘을 써서 기구를

움직이는 인력거꾼보다는, 사회적 환경을 조직하되 자신의 힘으로 사회적 환경을 대체하지는 않는 전차 운전사에 더 가깝게 교사의 역할을 만드는 데 교육학의 전체 개혁이 달렸다고 주장합니다.

아래에서 이 교사가 인력거꾼에 가까운지 전차 운전사에 가까운지를 살펴봅시다. 이것은 수업의 구조에 대해서 우리가 알고 싶어 하는 것을 보여 줄 것입니다.

> 교사 예를 들면 등굣길에 길가에 핀 꽃을 보았을 때, 가족들과 들이나 산으로 놀러 간 적이 있죠. 주변에 아름답게 펼쳐진 자연이 여러분을 반겨 주며 말을 거는 것 같다고 느낀 적이 있었나요?
> 학생들 …….
> 교사 소리를 내어 직접 말을 나눈 적은 없지만 (손짓하는 모습을 보여 주며) 나뭇잎이 흔들리는 모습을 보고 "아! 나뭇잎이 나에게 손짓하는구나", 또는 나무가 나에게 말을 건다고 느꼈던 적이 있나요?

여기까지 교사는 전차 운전사이기보다는 인력거꾼에 가까워 보입니다. 그러나 이 지점에서 한 어린이가 대답합니다.

> 철수 네, 제가 가족들과 바닷가에 놀러 갔을 때 파도가 심했는데 꼭 용처럼 생겼다고 생각했어요. 그 모습을 보고 있으니까 용처럼 생긴 파도가 저더러 "철수야, 이리 와."라고 말하는 것 같았어요.

인력거꾼과 전차 운전사의 주요 차이점은 하나는 성공적이고 다른 하나는 그렇지 않다는 것이 아닙니다. 하나는 개인적 노동을 통해 한 명의 고객을 이동시키지만, 다른 하나는 사회적 환경을 조직하는 정신적 노동을 통해 매우 많은 사람들을 이동시킵니다. 그러므로 교사는 더 많은 어린이들이 움직이기를 바랍니다.

학생 2의 응답은 교사가 처음 제시한 예시와 매우 가깝습니다. 사실상 이는 교사의 예시에 너무 가까운 나머지 이 어린이가 생각 없이 그냥 따라 하기만 하는 것이 아닌지 의심될 정도입니다. 비고츠키에 따르면, 이와 같은 '공허한 언어'는 예를 들어 어린이들이 아직 개념이 없는 상태에서 과학적 용어를 사용할 때처럼 그 기저에 놓인 생각 작용 없이 단순히 낱말만을 말할 때 나타납니다. 이와는 반대로 학생 3은 철수의 이야기로부터 상황을 취하고 학생 2의 이야기로부터 언어를 취해서 이 둘을 종합하려는 시도를 합니다.

아직까지는 교사가 인력거꾼인지 전차 운전사인지 말할 수 없습니다. 핵심 문제는 교사의 시범과 학생 1의 대답을 종합한 학생 3의 말이 확장될지 무시될지에 달려 있습니다. 어떤 일이 일어나는지 살펴봅시다.

집에서 기르는 동물 이야기는 나무나 꽃과 이야기하는 것과는 전혀 상관이 없으며 심지어 비유적으로 언어를 사용하는 것과도 별 상관이 없습니다.

위 교사는 비유적 언어라는 목적지를 포기하고 더 많은 어린이들이 참여할 수 있는 민주적 방향으로 수업을 선회한 듯합니다. 이 교사는 자신의 예시뿐만 아니라 학생 1의 답이나 심지어 그 둘의 답을 종합한 학생 3의 답이 이 어린이들에게는 너무 큰 도약이었다고 보았을 것입니다. 이 어린이들은 나무나 동물과 이야기하는 것보다는 자신이 집에서 기르고 있는 애완동물에 대해서 이야기하고 싶은 것입니다. 아마도 TV나 이야기책을 통해 어린이들은 말하는 동물을 받아들이는 것에 익숙할지도 모릅니다. 동물들의 '언어'는 낱말이니 문법이 없지만 기호와 의미의 직접적인 연결이 존재한다는 점에서 아기들의 언어와 상당히 유사합니다. 따라서 동물이 말을 한다는 표현은 사실상 전혀 비유적이지 않은 것입니다. 여기서 교사가 가르치고자 했던 일종의 비유적, 은유적 언어는 한두 명을 제외하고는 어린이들의 학습 범위 밖에 있습니다.

이것은 '먼 발달영역'의 구조입니다. 이것은 어린이가 배워야 할 것이 위에서 정해진 교육과정의 산물이며, 아래로부터의 정보를 진지하게 포함하지 않는다는 것을 의미합니다. 교사는 교육과정이 어린이들에게 요구하는 것과 어린이들이 주도적으로 할 수 있는 것 사이에 다리를 놓기 위해 할 수 있는 일을 합니다. 그러나 이 교사는 어린이들이 배워야만 하는 것과 어린이들이 이해하는 방식 사이에 매우 큰 간극이 있음을 발견하고, 대부분의 어린이가 수업을 이해하는 방식에 내용을 맞추는 모습을 보여 줍니다.

교사는 어린이들에게 나무와 대화하는 것은 햄스터를 기르거나 귀여운 강아지를 집에서 기르는 것과 같다고 말합니다. 아마도 교사는 의미 없이 앵무새처럼 흉내 내는 대답보다는 애완동물에 대한 이야기를 듣는 것이 낫다고 생각했을지도 모릅니다. 이 교사는 공허한 언어를 반복하거나 진실이 아니라고 믿는 것에 대해서 이야기하는 것보다는 어린이들에게 진실인 것에 대해 이야기하는 것이 낫다고 생각했을 수 있습니다.

그러나 이로부터 얻게 되는 것은, 발달의 영역을 비민주적으로 설계하려는 모든 시도가 낳는 바로 그 결과입니다. 즉 수업은 한편으로는 책에 명시된 교육과정을 어린이들에게 부과하고, 다른 한편으로는 어린이 생각의 현재 상황을 더 높은 수준으로 끌어올리려는 자극 없이 진행되는 것입니다. 따라서 이 수업은 거짓말 위에 세워질 수밖에 없습니다.

물론 비유적 언어는 일종의 거짓말입니다. 그러나 비유적 언어는 스스로의 본성이 의도적인 허구성에 있음을 강조함으로써 세상에 관한 중요한 진실들을 말하는 거짓말입니다. 지도는 사진인 척하지 않으면서도, 어떤 사진보다도 더 많은 것을 알려 줍니다.

2.3 지도는 사진이 아니다: 진실을 말하는 거짓말

1980년대 초에 남아프리카공화국에서 L. 레넘을 비롯한 몇몇 교육
자들은 남아공에서 가장 척박한 오지에 있는 흑인 아동들에게 과학
적 개념을 가르치고자 시도합니다. 레넘 자신은 비고츠키의 제자였던
벨리아이예프로부터 모스크바에서 지도를 받았으며, 다른 교사들 상
당수는 공산당과 아프리카 민족회의가 주도한 반인종 분리 운동의 일
원이거나 이에 동조하는 이들이었습니다.

정치적 이유와 더불어 실용적인 이유로 그들은 영어를 가르쳐야 했
습니다. 나라를 하나로 묶어 주는 동시에 세계를 향해 발언할 수 있도
록 해 주는 언어가 필요했던 것입니다. 그러나 어린이들은 영어를 전
혀 이해할 수 없었습니다. 따라서 그들이 수립한 몰테노 프로젝트는
먼저 어린이들이 사용하는 언어로 쓰인 교육 자료를 만들어야 했습
니다. 때로는 아직 문자 체계를 갖추지 않은 언어를 위해 새로운 문자
체계를 창조해야 했으며, 때로는 영어 자료들을 이시오사어나 줄루어
로 번역해야 하기도 했습니다.

다음 그림은 지도 읽는 법을 가르치기 위한 스토리 자료인 ‘The
four friends climb the mountain’에 포함된 삽화입니다. 어린이들 대부
분은 지도를 본 적이 없었고, 그런 학생들에게 보여 줄 지도가 교사들
에게는 없었습니다. 이야기 속에서는 4명의 친구들이 산에 올라 마을
을 내려다보고, 처음으로 지도가 실제 모습을 나타내고 있음을 깨닫
게 됩니다. 이 이야기를 들은 후 학생들은 교사가 보여 주는 학교 지
도를 보고 학교의 모습을 이해하고, 나아가 직접 마을 지도를 그린 후

산 위에 올라가 자신들의 지도와
마을을 비교하는 활동을 하게 됩
니다.

　지도는 마을이 아닙니다. 지도
는 텍스트에 더 가깝습니다. 지도
는 이차원적이고 기호로 이루어
져 있으며 심지어 범례에는 조밀하
게 들어선 해설이 자리를 잡고 있
습니다. 그럼에도 산을 오름으로써
네 명의 친구들은 지도가 얼마나
자신의 일상생활과 일치하는지 깨
닫고 일상생활의 세계와 추상적 개념들의 세계가 둘이 아닌 하나임을,
즉 때때로 진실이란 만들어져야 하는 것임을 확신하게 됩니다. 학생들
도 직접 산을 오르면서 지도가 오히려 자신들이 일상에서 느끼지 못
하고 있던 진실을 표현하고 있음을 깨닫게 될 것입니다.

　문해를 가르칠 때는 체스나 축구 혹은 산을 올라 마을을 조망하는
활동과 같이 그 자체가 발달하는 학습 수단이 필요합니다. 그러나 이
러한 활동들이 모두 발달하는 학습 수단이라고 하더라도 이들은 문
해와는 달리 모두 일원적인 실천입니다. 문해는 지각, 주의, 기억과 같
은 심리기능도 아니고, 혹은 심지어 3세, 5세, 7세에서의 아동 인격과
같은 복합적 심리기능 체계도 아닙니다. 문해는 문화-역사적인 실천으
로, 이 모든 것들을 포함합니다. 문해에는 다양한 기능과 체계 그리고
심지어 다양한 어린이들이 포함되며 어린이가 변화함에 따라 문해 역

시 변화합니다.

따라서 문해는 수저나 붓, 혹은 연필 사용법을 익히는 것과 같은 도구를 이용하는 활동이 아닙니다. 문해의 전체 과정에서 하드웨어 사용법 터득이 차지하는 기간은 매우 짧습니다. 그 발달의 대부분은 일종의 소프트웨어를 터득하는 데 소요되며, 그리고 무엇보다도 '웨트웨어wetware', 즉 소프트웨어의 기저에 놓인, 살과 피를 가진 인간 고유의 관계를 터득하는 것과 관련되어 있습니다.

이 때문에 도구 사용법을 터득하고 장인, 숙련공을 훈련시키는 데 수천 년간 활용되어 온 도제 교육이 문해에는 적용될 수 없는 것입니다. 이 때문에 교실에서 교사는 일종의 인력거꾼의 역할만을 하는 것처럼 보이게 되는 것입니다. 그리고 또한 이 때문에 비고츠키는 우리에게 일원적인 '문해'가 아니라, 놀랍게도 기능적으로 매우 다른 활동들을 선 역사로 포함하는 하나의 매우 긴 발달 노선을 제시하는 것입니다. 비고츠키는 다음과 같이 말합니다.

> 현재의 심리학적 지식 상태에서는 이 단계들-놀이, 그리기, 쓰기-이 본질적으로 총체적인 글말 발달 과정의 서로 다른 하나의 계기들로 표현될 수 있다고 간주하는 것은 과장되어 보일 수 있다. 하나의 장치에서 다른 장치로의 이행 사이에 놓인 간격과 도약이 너무 커서 각각의 계기들을 충분히 명백하게 연결할 수 없는 것처럼 보인다. 그러나 실험들과 심리학적 분석에 의하면, 쓰기 과정이 얼마나 복잡해 보이든지 간에, 즉 표면적으로는 왔다 갔다 하고 불규칙하고 혼란스럽게 보이지만 사실상 우리 앞에 글말의 고등 형태로 이끄는 쓰기 역사의 단일한 노선이 놓여 있다는 결론에 도달한다.
>
> (『역사와 발달』, 2013: 7-58)

　심지어 문해의 선 역사조차 하나의 일원적인 기능이 아니라 최소한
세 가지의 기능 즉, 놀이, 그리기, 쓰기로 이루어져 있습니다. 이에 대
해 놀이에서 그리기로의 이행이 '협력의 증대는 개별화의 증대'라는
모토를, 또한 그리기에서 쓰기로의 이행이 '개별화의 증대는 의사소통
의 증대'라는 또 다른 역설적 모토를 훌륭하게 그러나 개체발생적으
로 보여 준다는 논의를 다음 강의에서 더욱 발전시킬 것입니다.

켈로그 교수 강의를 열심히 들어 주셔서 감사합니다. 혹시 질문 있으신가요?

교사 1 네. 교수님께서는 먼저 교육과정이 어린이의 발달 상태에 맞지 않는다고 하시면서 구조적인 비판을 하셨습니다. 그런 후 이에 대한 '지적으로 정직하면서도 민감한 발달 단계를 존중하는 해결책'을 약속하셨는데, 저는 그 해결책이 어디 있는지 모르겠습니다. 단지 산에 올라간 다섯 친구의 이야기를 하실 뿐인데 이것이 어떻게 구조적 문제에 대한 해결책이 될까요?

켈로그 교수 아닙니다, 그건 그냥 다음 이야기 그러니까 기능적 측면에 대한 논의에 관심을 갖도록 하기 위한 일화일 뿐입니다.

교사 1 교수님, 저는 발표 자료집을 미리 받아서 뒷부분도 읽어 보았습니다. 하지만 어떻게 기능적인 논의가 구조적 문제에 해결책을 제시하는지 이해할 수 없습니다. 어떻게 게임하기, 이야기 그리기, 직업이나 추석에 대한 일기 쓰기 같은 것들이 어린이들에게 말하자면 비유적 언어를 배울 수 있도록 해 준다는 말씀입니까?

켈로그 교수 그렇게 해 준다는 의미가 아닙니다. 그러한 활동들은 단지 진단 도구가 되어 줄 뿐입니다. 어린이들이 협력자나 외적인 정신적 장치의 도움을 통해 무엇을 할 수 있는지 확인하는 거지요. 우리는 그 결과를 가지고 교수학습 활동이 다음 발달 문제에 좀 더 적합할 수 있도록 조직해야 하는 것입니다. 참고로 프랑스어로는 근접발달영역이 다음발달영역zone prochaine de développement이라고 번역되고 있습니다.

교사 2 비고츠키가 다음발달영역이라는 말을 이용할 때 의미한 바는 그러니까 교수 방법이 아니라 교수학습의 전제 조건이군요. 그렇다면 3강 기능적 접근법에서 소개될 가위바위보 게임이나 지도처럼 보이는 이야기 그리기, 그리고 확산 복합체처럼 보이는 일기가 모두 진단의 도구이고 실제 교수학습 기술이 아니라는 말씀이네요.

켈로그 교수 정확히 그렇습니다. 물론 그런 활동들을 교수 방법으로 이용할 수도 있습니다. 그 방법들이 진단 도구로서의 가치를 갖는 이유가 바로 미래 학습의 핵심 요소들 그러니까 모방, 협력 그리고 궁극적으로 혁신을 포함하고 있기 때문이거든요.

교사 3 그럼 그 방법을 어떻게 사용하는가 하는 것은 기능적인 차이뿐이겠네요? 때로는 진단이나 검사를 위해서 때로는 교수학습의 도구로 사용할 수 있는 거고요?

켈로그 교수 운전면허 시험을 생각해 볼까요? 면허 시험을 볼 때에는 운전의 모든 요소들이 그 안에 다 있습니다. 차, 운전자, 도로, 교통법규들 말이지요. 그러니까 면허 시험도 운전을 배우는 수단으로 사용할 수는 있겠지요.

교사 1 하지만 운전을 배우는 것과 면허 시험을 보는 것은 서로 전혀 다른 기능인데요?

켈로그 교수 그 때문에 테스트와 학습의 구조가 같을 수 있는 반면 또한 서로 다를 수도 있는 것입니다. 예를 들면 한국에서 면허 시험을 볼 때는 면허 시험장에 가서 보지만 운전을 배울 때는 주로 동네의 한적한 공터에서 연습을 하지요? 테스트와 학습이 서로 다른 구조를 가지는 경우입니다. 그러나 미국에서는 시험도 그냥 도로에서 봅니다. 이와 같이 교수학습도 특정한 장소에서 일어날 수도 있고(학교, 교실) 실제 상황에서 일어날 수도 있습니다. 그러한 차이는 실제로 중요합니다. 도구 사용법을 배울 때에는 실제 상황에서 배워야 합니다. 하지만 기호에 대해 배울 때에는 도구들이 오히려 방해가 될 수 있습니다.

교사 2 아, 그러니까 기능적 논의 부분에서 제시하시는 모든 활동들은 교수 방법이 아니라 진단법이로군요. 이해할 수 있을 것 같아요.

결국 진단 도구를 교수 장치로 이용하면 교수 방법을 진단 기술에만 제한하는 셈이 되겠군요. 그래서야 진정한 발달을 측정할 수 없고 그저 진단 도구를 통한 연습 효과만을 얻게 되겠네요.

교사 3 예를 들면, 실제 운전 상황에서의 돌발 상황은 굉장히 많은데 운전면허 시험을 볼 때에는 사이렌 소리가 들린 후에 돌발 상황이 나오거든요. 면허 시험에서 제시되는 상황만 연습해서 돌발 상황 대처법을 익힌다는 것은 말이 안 되는 일이지요.

교사 2 그 말씀을 들으니 타일러의 교육과정 이론인 목표 모형에 대한 비판이 떠오르는군요. 과정 모형을 주장한 이들은 목표 모형이 교육의 내용을 평가로 측정할 수 있는 것에 종속시켰다고 말했습니다.

켈로그 교수 저는 한 걸음 더 나아가 비판하겠습니다. 동일한 기술을 진단과 교수를 위해 이용한다면 발달과 학습의 차이점을 구분할 수가 없게 되어 버립니다.

교사 4 그렇습니다. 교수는 학습과 관련된 것이니까요. 발달은 학습을 뒤따르는 것이긴 하지만 결코 학습으로 환원될 수 없지요.

켈로그 교수 그래서 나는 브루너가 ZPD를 비계로 환원한 것이 큰 잘못이었다고 생각합니다. 그건 정신분석가들의 잘못이기도 했습니다. 그들은 토킹 큐어(말을 하는 것을 통한 치료)를 진단과 치료에 모두 이용했습니다. 우리가 만일 엘코닌이 제시했듯이 비고츠키의 연구를 '선도적 활동leading activities'의 목록을 만드는 방편으로 이용한다면 우리 역시도 똑같은 잘못을 저지르게 되는 것입니다. 선도적 활동의 목록을 정해놓고 그걸 가르치자는 주장은 발달의 징후를 진단하는 방법과 교수 방법을 서로 혼용하는 것입니다.

교사 2 마치 '공부를 잘하는 학생들을 조사했더니 자기 주도적 학습 능력을 가지고 있더라. 그러니까 학업 성취가 낮은 아이들아, 너희도 자기 주도적 학습 능력을 가져라'라고 가르치는 것과 같은 일이군요.

교사 4 마치 운전 방법을 배우기 위해 면허 시험을 보는 것과 진배없네요.

켈로그 교수 그렇습니다. 오늘날 사교육 시장의 원리이기도 하지요.

교사 2 선생님의 말씀처럼 시험을 수단으로 학습을 시키는 것은 돈도 많이 들고 낭비적일 뿐 아니라 궁극적으로는 위험한 일이기도 합니다.

교사 3 한국이야말로 학습이라는 말과 시험이라는 말이 동의어로 사용되는 곳이지요.

켈로그 교수 학습이 몇 가지 시험들의 집합이라고 생각한다면 모든 발달에 가장 중요하고 또한 위험하기도 한 것을 놓치는 셈입니다. 바로 위기입니다. 어린이 발달의 사회적 상황이 어떤지 명확히 이해하게 해 주는 것은 위기입니다. 위기는 이전까지의 발달의 사회적 상황을 타개하는 수단으로서 어린이가 창조해 낸 신형성을 파괴합니다.

교사 2　발달의 사회적 상황이니 신형성이니 하는 말은 생소한데요?

켈로그 교수　발달의 사회적 상황이란 어린이가 특정한 연령기에 마주치게 되는 발달적 모순 상황입니다. 신형성은 그런 모순 상황에 대한 타개책으로 어린이가 그 연령기의 막바지에야 만들어 내는 심리적 체계이고요. 예컨대 유아기(2개월~10개월)의 발달의 사회적 상황은 아기가 생리적으로는 분리되었지만, 생물학적으로는 영양 섭취, 이동 심지어 수면까지도 전적으로 외부에 의존하는 최대한의 사회적 존재라는 사실과, 그럼에도 불구하고 그에게는 사회적 의사소통의 수단이 없다는 모순적인 상황입니다. 아기들은 유아기 후반으로 접어들면서 '원시적 우리(Ur Wir)'라는 신형성, 심리 체계를 통해 이 모순을 극복하려 합니다. 주변 사람들과 스스로를 동일시하게 되는 것입니다. 그러나 아기들이 스스로 이해하지 못하는 어른들의 '말'이 있음을 알고 옹알이를 통해 말을 모방하려 하기 시작할 때 유아기의 신형성은 깨지고 새로운 위기인 1세의 위기를 맞게 되는 것입니다.

교사 2　무슨 말씀인지 알겠습니다. 유아기의 '원시적 우리'는 아기가 스스로 이해할 수 없는 어른의 말이 있다는 것을 알고 자기만의 옹알이를 성인의 말로 대체하려고 하는 순간 깨지게 되죠. 하지만 같은 원리가 초기 유년기에는 어떻게 적용되는지 모르겠습니다. 어린이가 놀이를 발견한다거나 유치원에 가는 것이 그 이전에 형성한 의사소통적 말의 토대를 파괴하지는 않는데요.

켈로그 교수 물론 그렇지 않습니다. 하지만 놀이나 유치원은 기존의 의사소통적 말을 어느 정도 획기적으로 재구조화합니다. 예컨대 역할극을 하면서 어린이들은 여기, 지금의 상황 대신 가상의 상황에 의미를 종속시키게 됩니다. 그리고 빗자루는 말이 되었다가 칼이 되었다가 깃발이 되기도 하지요. 여기서 문제가 있습니다. 비록 어린이는 비유적 언어를 사용할 준비가 어느 정도 되어 있지만(놀이를 한다는 것은 결국 비유적 언어의 사용이니까요) 일반화되고 추상화된 비유적 언어를 배울 준비가 되었다고는 할 수 없겠죠. 7세의 위기 이후일지라도 말입니다.

교사 1 그럼 어린이가 어떤 비유적 언어는 수용할 수 있고 어떤 비유적 언어는 수용할 수 없는지 어떻게 알 수 있을까요?

켈로그 교수 2강의 기능적 접근법에서 살펴볼 것과 같은 모종의 진단 도구가 필요합니다. 그리고 주의 깊게 살펴야 합니다. 어린이들은 말하는 호랑이는 받아들일 준비가 되었을지 몰라도 말하는 식물은 받아들이지 못할 수 있습니다. 아마도 어린이들은 상상의 캐릭터는 수용할 수 있지만 상상의 개념은 수용할 수 없는 것 아닐까요?

교사 2   재미있네요. 그런데 그래서 어떻게 하지요? 비고츠키는 말하는 식물과 가상의 개념을 가르치는 방법에 대해서는 알려 주지 않나요?

켈로그 교수   비고츠키는 교사들에게 어떻게 가르치라는 구체적 지침은 결코 제공하지 않습니다.

교사 1   어째서 비고츠키는 교사들이 발달에 개입할 수 있는 길을 정확히 알려 주지 않는 것일까요?

켈로그 교수   일단, 비고츠키는 발달이 나아가는 길이 유일하지 않고 다양한 종류의 발달이 있다고 믿고 있기 때문입니다. 계통발생[2]에서 사람들은 자연으로부터 사회를 발달시킵니다. 물론 이를 위해서는 자연에 대한 상당히 심도 있는 이해가 필요했지요. 다윈은 이것이 어떻게 가능해졌는지 설명해 주었습니다. 그러나 그것은 오직 저차적 기능, 우리가 동물들과 공유하는 기능들에 대한 설명일 뿐입니다. 사회발생에서 사람들은 사회의 문화를 발달시킵니다. 물론 이를 위해서는 사회에 대한 상당히 심도 있는 이해가 필요했지요. 마르크스는 이러한 이해가 어떻게 인간들에게 가능해졌는지 설명해 주었습니다. 그러나 사회발생은 개체발생의 시작일 뿐입니다.

---

2. 비고츠키는 발달의 수준을 크게 세 층으로 구분한 기준을 받아들입니다. 생물적·진화적 발달 스케일은 계통발생으로, 인류의 문화적·사회적 역사의 발달 스케일은 사회발생적으로, 개인의 일생을 통한 발달 스케일은 개체발생으로 지칭됩니다. 이들은 서로 밀접한 관계를 맺고 있으나 또한 어느 하나가 다른 것으로 환원되지 않는 고유한 영역들입니다.

교사 2 개체발생에서 어린이들은 문화로부터 인격을 발달시켜야 하죠. 그렇게 하려면 문화에 대한 상당히 심도 있는 이해가 필요하고 비고츠키는 이것이 어떻게 가능해졌는지 설명해 주고요.

켈로그 교수 바로 그렇습니다. 하지만 그 역시 시작일 뿐입니다 그것은 연령기의 문제와 아동 발달에 있어 근접발달영역을 설명할 뿐입니다. 진단에 따른 적용은 교사들의 몫입니다. 열띤 질의응답으로 시간이 많이 초과했습니다. 다음 강의로 넘어가도 될까요?

3강

기능적 관점:
근접발달영역 진단으로로서의
놀이, 그리기, 쓰기

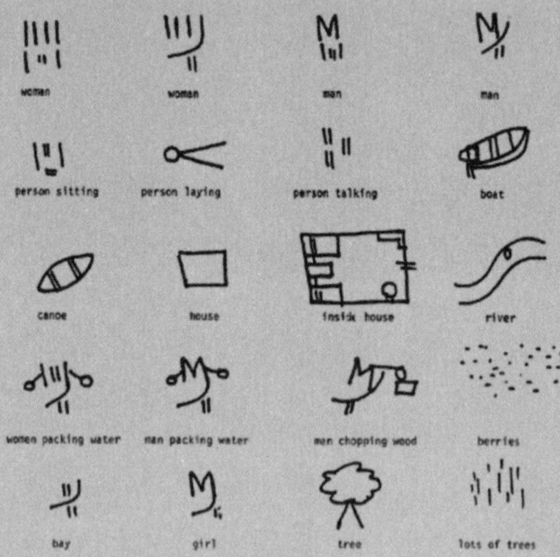

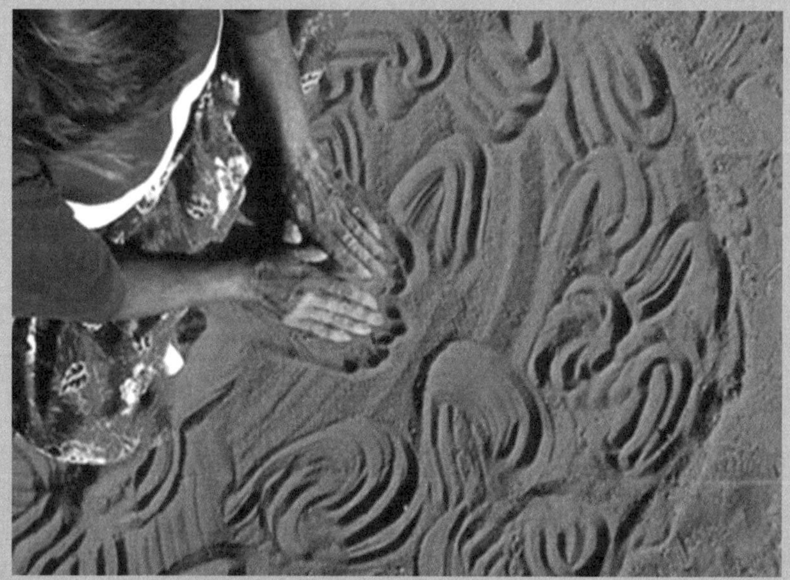

이누이트 어린이들은 이야기를 들으면서 칼로 눈 위에 들은 내용을 '그렸다'.
아래 사진은 호주 원주민들의 모래그림 이야기. 몸짓과 지시적 표시,
그림의 부분들의 의미가 이야기의 흐름과 더불어 역동적으로 변화한다.

다음은 어린이들의 '이야기 그리기'입니다. 이것은 이누이트족 어린이들이 눈 위에 그린 '칼 이야기', 호주 원주민들이 그린 모래 이야기들처럼, 일종의 춤입니다. 다시 말해 몸짓, 음악, 낱말의 연출이 무용가의 발자국처럼 그림을 흔적으로 남기는 것입니다.

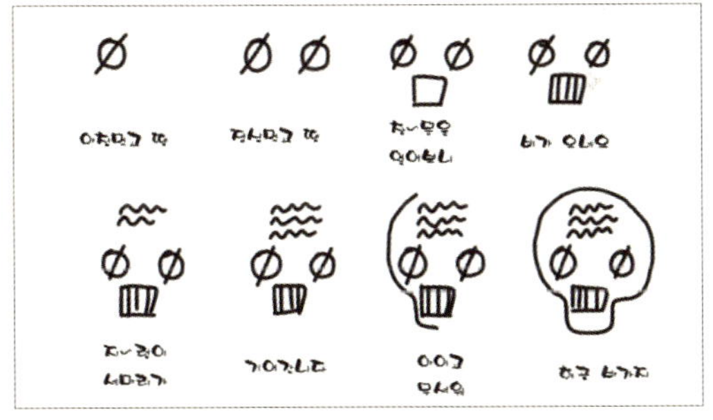

이는 여느 춤처럼 역동적입니다. 종이 위에서 이 그림이 펼쳐지는 그 짧은 시간 동안 그것은 계속 변합니다. 사선을 그은 원은 (첫 번째는 아침을, 두 번째는 점심을 나타내면서) 처음에는 단순히 수 세기 기호의 역할을 합니다. 그러나 여기서도 원은 접시를, 사선은 일과를 '해치우는' 행동을 의미할 수 있습니다. 동일하게 지시적인 의미에서 네모는 창문을 세로선은 빗줄기를, 구불구불한 선은 지렁이를 의미합니다. 각각의 부분들은 서로 다른 역할을 하다가, 갑자기 매우 다른 전체 구조의 일부가 되며, 그들 상호 간의 내적 관계뿐 아니라 그 구조의 부분으로서의 기능이 완전히 변합니다.

비고츠키는 이를 다음과 같이 말합니다.

우리가 맨 먼저 지적하고자 하는 가장 일반적인 입장은, 분석의 도움으로 드러난 구성 과정의 모든 다양성에서 볼 때, 각 연령기의 발달 과정이 그 조직과 구성의 복잡성에 상관없이 통합된 전체로 나타나고 어떤 엄밀히 규정된 구조를 갖는다는 것이며, 연령기의 전체 구조나 구조적 법칙들이 전체의 일부를 형성하는 각각의 개별 발달 과정의 구조를 결정한다는 것입니다. 통합된 전체라 불리는 구조는 개별 부분을 단순히 더한 것, 소위 총합을 나타나는 것이 아니며, 오히려 그 자체가 각 구성 부분의 운명과 의미를 결정합니다.

『연령과 위기』 2-1)

어린이들에게 있어 뜻과 의미를 지니는 것은 전체로서의 그림이며, 이러한 이유로 어린이들이 실제로 그림 그리는 것을 관찰할 때, 우리는 매우 다른 두 유형의 어린이가 있음을 알게 됩니다. 어떤 어린이들은 종이 위에 구조가 나타나기는 하지만 그 구조를 잘 이해하지 못합니다. 즉 각 부분을 그리는 데에는 주의를 기울이지만 다 완성했을 때 그것이 해골을 나타낸다는 것을 모르는 듯 보입니다. 반면 다른 어린이들은 목표를 명백히 이해하고 지렁이와 같은 구조의 부분들은 쓱싹쓱싹 신속히 그리며 해골이라는 최종 구조를 염두에 두고 나아갑니다.

우리는 여기서 놀이, 그리기, 쓰기라는 상이한 기능들을 제시할 것입니다. 이 기능들은 전체로서 문해, 특히 비유적 이야기의 이해에서 정점을 이룹니다. 그러나 우리는 이러한 각각의 다양한 기능들 속에 목표에 대한 어린이의 관점이 결정적 방식으로 변화하는 두드러진 계기들이 존재한다는 것을 보여 줄 것입니다. 그러나 무엇보다도 우리는 지금까지 교육학적 장치, 즉 교수 방법으로 간주되어 온 비고츠키의 근접발달영역 개념이 실제로는 진단 도구임을 보여 주고자 합니다. 다시 말해, 근접발달영역은 교수-학습 자체를 위해 고안된 기술이라기보다, 발달을 지향하는 교수-학습 계기를 결정하는 장치입니다.

교수-학습 과정은 발달과 매우 밀접히 결합되어 있으며 더 민주적으로 가르칠수록 교수-학습과 발달은 더욱더 서로 밀접히 결합됩니다. 그러나 그럼에도 불구하고 이들은 서로 구별되며, 이러한 이유로 진단 장치인 근접발달영역은 아무 때 아무에게 무엇이든 가르칠 때 사용하는 보편적인 교수-학습 장치로 단순히 전용될 수 없습니다. 만일 그렇게 한다면, 근접발달영역을 학습과 발달 간의 차이점을 대부분 무시한 '비게(스캐폴딩)'와 같은 것으로 재발명하는 위험을 안게 됩니다.

예를 들어, 철수가 용이 파도에서 나와 그를 부른다고 느꼈다고 말했을 때, 어떤 어린이들(학생 3과 같은 어린이들)은 협동을 통해 이 묘사를 발전시켜 나갈 수 있을 것이며, 어떤 어린이들(학생 2, 학생 4와 같은)은 그렇게 하지 못할 수도 있습니다. 어린이로 하여금 비유적 묘사에 협동적으로 참여하여 내용을 발전시켜 나가도록 하는 것은 이들의 집단적 근접학습영역을 판단하는 좋은 방법이 되며, 당연히 근접학습

영역은 근접발달영역과 상당히 밀접하게 결합되어 있습니다. 이러한 협동적 활동이, 무조건적으로 교육과정을 따르거나 어린이가 애완동물에 대해 말하는 것을 따라 주는 것보다, 학습영역과 발달영역을 판단하는 데 있어 훨씬 좋은 방법입니다.

어떤 점에서 위의 활동은 철수가 이미 할 수 있는 것을 다른 어린이들이 할 수 있도록 가르치는 매우 효과적인 방법이기도 합니다. 따라서 근접학습영역은 진단 장치인 동시에 교수-학습 장치가 됩니다. 그러나 이것이 유일한 효과적인 방법이라거나 가장 효과적인 방법이라는 의미는 아닙니다. 비고츠키는 고등 내적 정신기능들은 모두 사람들 간의 상호 관계 속에 그 기원이 있다고 믿기 때문에, 어떤 협동 형태(교실 대화)는 사람들 간의 상호 협동과 더 가깝고 어떤 형태들(숙제)은 개별화와 더 가깝습니다. 가장 효과적인 교수-학습 방법은 어린이가 그 기능의 내재화에 얼마나 가까워졌는지 뿐만 아니라 그 기능 자체의 본성과도 깊은 관련이 있습니다. 이제 세 가지 다른 기능들(놀이, 그리기, 쓰기)을 살펴보고 근접발달영역의 진단적 사용법을 알아봅시다.

3.1 진단 영역으로서의 놀이

어린이가 상대성 이론이나 명제 조작을 배울 수 없다는 주장에 덧붙여, 『어린이의 세상 개념』에서 피아제는 어린이가 달을 해라 부르고 해를 달이라 부를 수 없다고 주장합니다. 피아제가 어린이들에게 해를

해와 달은 동아줄을 타고 하늘로 올라갑니다.
그리고 달의 수줍음 때문에 오빠와 동생은 역할을 바꿉니다.

'달'이라 부르고 달을 '해'라고 부르는 것이 가능할지 묻자, 어린이들은 안 된다고 대답합니다(1929/1951: 69).

그러나 그것은 가능합니다. 그 한 예가 우리나라의 전래동화 해님과 달님입니다. 호랑이를 피해 도망친 오누이가 하늘로 올라가 동생은 밤에 비추는 달이 되고 오빠는 낮을 비추는 해가 됩니다. 그러나 동생이 밤을 무서워해서 결국 동생이 해가 되고 오빠가 달이 된다는 이야기입니다.

여기서 해님은 동생이 될 수도 있고 오빠가 될 수도 있습니다. 누군가에게 이것은 낱말과 의미의 관계가 관습적임을 뜻합니다. 이것은 눈물과 슬픔의 관계처럼 부분과 전체의 관계도 아니며, '깜장'과 '까마귀'처럼 전자가 후자의 속성을 나타내는 동시에 전자가 후자의 일부로 포함되는 관계도 아닙니다. 이것은 어린이들이 하는 역할 놀이(내가 '해'를 할 테니 네가 '달'을 해. 아니, 역할 바꾸자. 내가 '달'을 할 테니 네가 '해'를 해)에서 나타나는 관계와 유사합니다.

어린이가 이 사실을 이해한다면, 낱말이 단지 하나의 상상 역할뿐 아니라 그 상상의 전체 집합을 가리킬 수 있다는 것 또한 이해할 것입니다(예: 나는 호랑이를 무서워 해-일반적으로 말이지). 그리고 그 사실을 이해한다면, 아마도 어린이는 어떤 상상의 집합에서는 그 집합의 구성 요소들이 추상적 정의와 맺는 관계가 모두 동일하다는 것 또한 이해할 수 있을 것입니다.

그러나 이렇게 가정한다면, 또다시 우리는 발달이 일어났는지 여부를 검사하는 대신 발달이 이미 일어났다고 가정할 뿐이며, 순전히 하향식인 '먼 발달영역'을 만드는 것입니다.

그러나 이것이 바로 W. 스턴과 같은 초기 아동심리학자들의 생각이었습니다. 우리 시대에 N. 촘스키(1993)와 S. 핑커(1994)와 같은 언어학자들은 이 생각을 더 깊이 받아들여, 낱말이 개념을 상징함을 아는 것은 선천적(심지어 유전적인)으로 타고나는 것이라고 주장했습니다. 물론 촘스키와 핑커는 개념이 신생아는 물론 유치원생이나 초등학생들에게조차 분명히 나타나지 않음을 인정했습니다. 그러나 이는 성적 성숙과 생식 같은 다른 많은 중요한 인간 능력들도 마찬가지입니다. 낱말이 (이름이 그러하듯) 실제 사물이 아니라 (일반명사가 그러하듯) 개념을 상징한다는 것을 아는 것은 생득론자에게 있어 기다리면 일어나는 선천적 개념인 것입니다.

그러나 비고츠키에게 있어 어린이들이 진개념에 도달하기 위해 올라야 하는 동아줄은 그냥 하늘에서 내려오는 것도 아니고 선천적으로 지니고 태어나는 것도 아닙니다. 어린이들은 스스로 동아줄을 꼬아서 만들어야 합니다. 그리고 그것이 일어나는 한 가지 방식은 놀이를 통해서입니다. 잘 알려져 있듯이 비고츠키는 놀이를 하는 어린이는 자기 나이보다 머리 하나가 더 크다고 말했습니다.

매우 다양한 발달 수준을 가진 어린이들이 어떻게 축구라는 하나의 게임을 할 수 있는지 논의하면서, 우리는 놀이가 매우 다양한 의미와 행위 구조를 포함할 수 있는 활동임을 보았습니다. 비고츠키는 다음과 같이 말합니다.

> 결과를 얻고자 하는 목적이 없는 모든 유형의 어린이 활동이라는 놀이에 대한 낡은 정의는 모든 종류의 어린이 활동을 동일하게 취급한다. 어린이가 문을 열고 닫든, 말타기 놀이를 하든, 어른의 관점에서 볼 때는 무언가를 얻기 위해서가 아니라 즐거움을 위해서 그저 재미로 심각하지 않게 이루어진다. 이 모든 것이 '놀이'라 불린다.
>
> (Выготский, 1984: 347-348; Vygotsky, 1998: 266)

문해를 단일 활동으로 여기는 낡은 정의가 문해의 선 역사를 이해하는 것을 돕지 못하고 문해의 첫걸음을 언제 어떻게 디뎌야 할지 설명하지 못하는 것처럼, 비고츠키는 놀이에 대한 낡은 정의가 단계 내부의 단계들을 찾는 것을 돕지 못한다고 말합니다. '초기 유년기(즉 생후 12개월부터 36개월까지)'를 고찰하면서, 비고츠키는 다음과 같이 말합니다.

> 초기 유년기에 우리는 유사 놀이, 즉 '놀이 그 자체'를 관찰할 수 있다. 객관적으로 어린이는 놀이를 하고 있지만, 아직 어린이에 대한 게임(대자적 게임-K)이 된 것은 아니다. 특히 도메의 실험은 어린 아이가 이를테면 인형은 어딘가 갈 곳이 있다거나 의사를 초대했다거나 하는 등의 특정 상황을 창조하지 않고, 어떻게 인형으로 많은 행

그러나 유사 놀이는 곧, 타인을 통해 특정 행동으로 일관되게 해석될 수 있고 진정한 의미로 극화될 수 있는 가상 상황을 지닌 '진정한 놀이', 즉 타인에 대한 놀이로 변합니다. 그 새로운 발걸음은 단지 발걸음 하나를 옮긴 것에 불과한 것이 아닙니다. 그것은 오히려 계단을 올라선 것에 가깝습니다. 이를 단계라고 부릅시다. 단계에는 스테이지(단계, 무대), 즉 행위의 공간, 드라마의 무대라는 의미가 포함됩니다. 어린이는 역할 놀이 단계로 올라서며, 거기서 어린이들 자신에 의해 창조된 상황을 발견합니다.

우리는 어린이에게 있어 칼은 의사가, 잉크병 뚜껑은 택시 마차가, 시계는 약국이 될 수 있다는 것을 볼 수 있습니다. 우리는 이것을 보고 어린이가 어떤 것이든 한 사물을 상징할 수 있다는 것을 발견했으며, 따라서 어린이가 낱말과 사물이 추상적이고 관습적인 관계를 가짐을 안다는 것을 의미한다고 생각할지도 모릅니다.

그러나 어린이는 과학 용어나 외국어 문법과 같은 규칙 기반 체계를 이용하여 추상적 개념을 지칭하고 있는 것이 아닙니다. 어린이가 하는 것은 오히려 역할 놀이에서 가상의 역할을 정하는 것에 가깝습니다. 이 경우 어린이는 종종 그 대상 자체의 어떤 구체적 속성을 지칭함으로써 역할을 지정합니다.

우리는 어린이가 성인인 우리와 같은 낱말을 사용한다는 이유로 낱말을 개념의 기호로 사용한다고 생각하기 쉽습니다. 그러나 어린이는 그 낱말을 단지 그 대상의 실제 물리적 속성을 나타내는 '이름표'로 사용합니다. 어린이가 "이것은 사과다"라고 말할 때 우리는 그가 일반명사를 사용한다고 생각합니다. 그러나 어린이는 사실 실제 사과의 어떤 특성을 가리킴으로써 구체적 물체를 지칭하는 이름을 사용하고 있는 것입니다.

가상적 상황에 맞추어 행동하고 다른 사람들도 똑같이 행동하게 하는 것은 명시적인 역할뿐만이 아니라 암묵적인 규칙을 필요로 합니다. 따라서 비고츠키는 다음과 같이 말합니다.

> 가상 상황을 가진 모든 형태의 놀이를 생각해 보자. 가상 상황은 사전에 주어진 공식화된 규칙을 지닌 게임은 아니지만, 이미 행동 규칙을 포함하고 있다. 어린이는 자신을 엄마로, 인형을 어린이로 상상한다. 따라서 어린이는 엄마의 행동 규칙을 따라야 한다. (……) 나는 놀이에 가상 상황이 존재할 때마다 규칙이 존재한다고 생각한다. 그 규칙들은 사전에 공식화된 것은 아니며 게임 중에 변하지만 가상 상황에서 비롯된 규칙들이다. 따라서 어린이가 실제 상황에서 행동하듯이 규칙 없이 가상 상황에서 행동할 수 있다고 상상하는 것은 불가능하다. 만약 어린이가 엄마 역할을 하고 있다면, 그 어린이는 엄마의 행동을 규칙으로 가지고 있는 것이다. 그 대상의 의미가 바뀌면 그 대상에 대한 관계와 어린이가 맡은 역할은 언제나 그 규칙들로부터 비롯될 것이다. 즉 가상 상황은 언제나 규칙을 포함할 것이다.
>
> (Lev Vygotsky, Play and its Role in the Mental Development of the Child 1933; Воиросы исихологнн, 1966: 6)

어린이들과 함께 그들이 한 역할극을 돌이켜 보다 보면 규칙에 대해 상당히 복잡한 추론이 나타나는 것을 흔히 볼 수 있습니다. 다음의 교실 데이터에 등장하는 4학년 어린이들은 위의 그림에서와 같이 농부, 아내, 고양이, 개, 쥐의 역할을 나누어 이제 막 'The Enormous Turnip'이라는 역할극을 한 후입니다. 모두 힘을 합친 덕분에 큰 무는 뽑혔고 이제 문제는 무를 어떻게 나누는가 하는 것입니다.

각 어린이들이 자기가 맡은 역할을 대변하며 주장할 것으로 생각하기 쉽지만 실제로는 그렇지 않습니다.

학생 1 Farmer, farmer wife, dog, cat, mouse 다 공평하게 나누어 먹어야 한다고 생각합니다. 왜냐하면…… 어……. mouse 같은…… mouse는 늦게 들어왔어도 그래도 mouse, 그래도 전부 다 열심히 했으니깐 공평하게 먹어야 한다고 생각합니다.

선생님은 무가 너무 커서 한 번에 먹기는 불가능하다는 점을 지적합니다. 그러자 학생 2가 학생 1에 동의하며 농부의 아내가 무를 깍두기로 만들면 일 년 내내 먹을 수 있을 것이라고 제안합니다. 그러나 학생 3은 이에 반대합니다.

> **학생 3** 저는 farmer가 제일 많이 먹어야 한다고 생각합니다.
> **교사** 응.
> **학생 3** 왜냐하면 farmer가 먼저 씨앗을 심고 뿌리고 키웠기 때문입니다. …… 그러면 똑같이 나눈다고 해도 한 사람이 조금 먹게 되기 때문입니다.

학생 3은 여학생입니다. 그러나 남학생인 학생 4는 농부의 아내가 농부만큼 많이 가져야 한다고 주장합니다.

> **학생 4** 어이…… 농…… 어이…… farmer가, farmer가 더 먹는 거는요…… 말이 안 됩니다. 왜냐하면 그 farmer wife도 같이 키웠기 때문입니다. 그리고 제 의견은요…… 어, 뭐야…… 어 다…… 다 같이 나눠 먹는 게 아니고요, farmer하고 farmer wife만 먹어야 한다고 생각합니다. 왜냐하면 어 개네들은 그냥 지네가 와서 도와준 거지 도와주라고…… 제발 도와주라고 구걸을 한 게 아니기 때문에 그냥 지네가 와서 도와줬기 때문입니다.

토론은 한 시간을 훌쩍 넘게 진행되었습니다. 다음과 같이 논쟁을 정리할 수 있을 것입니다.

학생	이유	입장
1	모두 열심히 일했으므로 다 같이 공평히 나누어야 한다.	평등주의
2	모두 열심히 일했으므로 무를 김치로 저장해서 나누어 먹어야 한다.	평등주의
3	농부가 씨를 심고 길렀으므로 농부가 더 먹어야 한다.	비평등주의
4	농부의 아내는 아내도 농부만큼 더 먹어야 한다.	비평등주의
5	농부가 가장이고 집을 먹여 살리므로 농부가 더 먹어야 한다.	비평등주의
6	모두가 힘을 합했기 때문에 무를 뽑을 수 있었으므로 다 같이 공평히 나누어야 한다.	평등주의
7	입장 없음(3, 4, 5에 동의) 농부와 아내가 더 먹어야 한다(5킬로그램 중 3킬로그램)	비평등주의
8	모두 열심히 일했으므로 쥐를 제외하고 모두가 0.75킬로그램씩 나눈다(쥐는 부산물을 가진다).	평등주의
9	등장인물들은 공동으로 일하고 공동으로 생활하므로 모두 똑같이 나눈다.	평등주의
10	무는 원래 농부와 아내의 것이다. 동물들은 각기 취향과 입맛이 다르다. 농부와 아내가 더 먹어야 한다(5킬로그램 중 3킬로그램). 다른 동물들은 0.5킬로그램씩 받고 나머지 0.5킬로그램은 농부와 아내가 보관한다.	비평등주의

이렇게 학생들은 정확히 반반으로 갈립니다. 평등주의자들(학생 1, 학생 2, 학생 6, 학생 8, 학생 9)은 무가 똑같이 분배되어야 한다고 생각하지만 반대로 인간중심주의자들(학생 3, 학생 4, 학생 5, 학생 7, 학생 10)은 무가 농부와 아내의 것이며 수확 시기에서야 우연히 나타난 동물들의 것이 아니라고 생각합니다.

한 학생은 공동체적 생활이라는 개념을 내놓습니다. 이것은 처음에는 쥐에 대해서만 해당되는 생각이었지만 점차 생산물의 일반적인 공동 분배라는 생각으로 확장됩니다. 이에 대해 다른 학생은 '인간의 소

유물'이라는 개념을 내놓습니다. 이것은 처음에는 무의 분배를 서로 다르게 하는 것을 정당화하기 위해 나온 생각으로 후에 농부와 아내가 무를 나눈 뒤 남는 부분을 0.5킬로그램씩 나누는 원칙이 됩니다.

물론 이 생각들이 완전히 의식적인 것은 아닙니다. 두 개념 모두 처음에는 심리 간 연결을 통해, 즉 다른 학생들의 의견에 동의하면서 생성되기 시작했고 후에야 비로소 개인 내에서나 개인 간에서나 모두 일관성 있는 의견으로 발전하였습니다. 교사는 중립적인 자세를 유지합니다. 이는 올바른 입장입니다. 개체발생의 관점에서 볼 때 사유재산의 개념을 파악한 어린이는 공동체적 삶의 형태를 고수하는 어린이보다 더 사회적 환경에 잘 적응할 것입니다. 그러나 여기서 개체발생만 중요한 것은 아닙니다. 사회발생의 문제도 있습니다. 즉 어린이들의 눈길이 앞으로 어떤 종류의 사회를 향해야 할 것인가 하는 문제입니다.

분명한 것은 어린이들이 각자가 맡은 역할의 관점을 대변하고 있지 않다는 것입니다. 그러나 또한 어린이들은 이야기 밖에서 해설하는 사람과 같이 역할을 완전히 떠나 있지도 않습니다. 토론 중에는 객관적이면서도 또한 주관적인, 이야기 밖에 머물면서도 안에서 참여하는 관점이 형성되는 명백한 지점이 있습니다. 바로 이 지점에서 두 가지 윤리적 개념들이 형성됩니다.

오른쪽 사진의 어린이는 가상의 계산원 역할보다 밝은 색 물체에 더 흥미가 있습니다. 그러나 우리는 어린이가 밝은 색 물

체가 아니라 계산원 역할에 더 흥미를 가지고 역할극에 집중하기를 원합니다. 역할 기반 놀이에서 주의를 빼앗는 현란한 물체가 없을 때 종종 어린이들이 최소한의 소품으로 자신에 맞게 조정한 자신의 기호를 발달시키는 것을 발견합니다. 이러한 이유로 말타기 놀이를 하는 어린이들은 네 발 달린 탁자가 아니라 빗자루를 말馬로 선택할 것입니다. 집 놀이를 하고 싶은 어린이들은 직접 들어갈 수 없는 인형의 집보다는 탁자를 선택할 것입니다. 비고츠키가 지적하듯이 물체는 행위에 알맞아야 하며, 그 행위는 규칙에 종속됩니다.

> 모든 가상 상황이 감춰진 형태로 규칙을 포함한다는 것을 처음에 보여 줄 수 있었던 것처럼, 우리는 또한 그 역을 입증하는 데도 성공했다. 즉 규칙을 가진 모든 게임은 감춰진 형태로 가상 상황을 포함한다. 드러난 가상 상황과 감춰진 규칙을 가진 게임으로부터 드러난 규칙과 감춰진 가상 상황을 가진 게임으로의 발달은 한 극단에서 다른 극단으로의 어린이 놀이의 진화를 요약한다.
>
> (Lev Vygotsky, Play and its Role in the Mental Development of the Child 1933; Вопросы исхологии, 1966: 6)

규칙 기반 게임도 유사 놀이와 같이 혼자 하는 것이 가능합니다. 예를 들어 수수께끼를 풀거나 가상의 적이나 컴퓨터를 대상으로 체스를 둘 수도 있습니다. 그러나 이것과 유사 놀이의 차이는 큽니다.

일관된 가상 상황조차 존재하지 않는 유사 놀이, 즉 '즉자적 놀이(놀이 자체로의 놀이)' 대신에 이제 우리는 '대자적 놀이(놀이 자체에 의한 놀이)', 즉 규칙을 목적으로 하는 놀이를 갖게 됩니다. 비고츠키가 말하듯 이러한 규칙들은 본질적으로 고도로 추상적인 가상 상황입니다. 모든 게임 참여자에게 똑같이 적용되는 규칙을 가진 이러한 고도로 추상적인 가상 상황이 진개념의 출현과 무관하다고 생각할 수 없을 것입니다. 개념의 구성 요소들은 모두 동일하며, 개념에 속하는 모든 것을 똑같이 포함시키고 개념에 속하지 않는 모든 것을 똑같이 배제시키는 단일 정의에 의해 규정된다는 것이 복합체와 개념의 핵심적 차이니까요.

이제 요약을 하겠습니다. 이야기한 바와 같이 놀이 자체는 한 단계가 아니라 적어도 세 가지의 다른 단계가 있습니다.

1단계　놀이는 '유사 놀이', 즉 '즉자적 놀이'이며, 우리는 이것을 기계적 놀이라 부를 것입니다. 기계적 놀이는 명확한 상황과 설명할 수 있는 규칙이 없는 자동적, 무의미적, 때때로 반복적인 신체 활동을 기반으로 한 놀이 형태입니다. 그러나 여기에도 상상은 존재합니다. 어린이가 기계적으로라도 행위를 반복하기 위해서는 그 행위에 대한 정신적 이미지를 형성해야 합니다.

2단계　놀이는 흉내 내기, 즉 '대타적 놀이'이며, 우리는 이것을 역할 놀이라 부를 것입니다. 역할 놀이는 가상 상황 속에서의 합동의, 협력적, 협동적 활동을 기반으로 한 놀이 형태이며, 이 경우 활동은 반복되지 않고 변화합니다. 여기서 반복되는 것은 가상의 등장인물, 즉 역할입니다.

3단계　놀이는 이기고 지는 것, 즉 '대자적 놀이'이며, 우리는 이것을 규칙 놀이라고 부를 것입니다. 규칙 놀이는 추상적인 반복 형태와 규칙을 기반으로 한 놀이 형태입니다. 여기서 주로 반복되는 것은 규칙입니다. 역할(참여자, 특히 승자와 패자)도 변화가 허용되지만, 그러한 변화는 오직 참가 순서와 같은 합의된 반복 형태와 승자와 패자를 결정하는 규칙에 따라서만 가능합니다.

우리가 세 가지 단계 모두를 포함하는 복합적 활동을 한다고 상상해 봅시다. 교사는 손가락 다섯 개를 호랑이 발톱처럼 만들고 말합니다. "이것 봐! 호랑이야." 그러고 나서 교사는 토끼의 귀처럼 손가락 두 개를 펴고 말합니다.

> **교사** 이제, 이건 호랑이가 아니야. 두 아이, 해와 달이야.

마지막으로 교사는 떡 바구니를 운반하듯 손바닥을 치켜드는 손동작이 '엄마'라고 덧붙입니다.

여기까지는 기계적 놀이 형태에 불과한 손동작만 존재합니다. 그러나 이제 교사는 이야기를 만듭니다.

> **교사** 어느 날, 엄마가 아이들에게 잔칫집에 간다고 말했어요. 아이들은 엄마와 함께 가고 싶지만, 엄마는 아이들이 집에 있기를 바라요. 누가 이길까요? 왜 그럴까요?
>
> **교사** 다음 날, 엄마는 호랑이를 만났어요. 호랑이는 힘이 세고, 엄마는 힘이 약해요. 호랑이는 크고 엄마는 작아요. 누가 이길까요? 왜 그럴까요?

그다음 선생님은 이 이야기를 '가위바위보'와 같은 게임으로 바꿉니다. 선생님은 게임 규칙을 설명하는 대신 다음과 같이 혼자서 시범을 보입니다.

어린이들이 세 가지 규칙(즉 엄마는 아이들보다 세고, 호랑이는 엄마보다 세지만, 아이들은 호랑이보다 세다)을 이해하면 이제 직접 게임을 해 보게 합니다. 어린이들이 게임의 결과를 설명할 때, 그저 그것을 동작으로 보여 주는지 아니면 이야기를 하는지 혹은 추상적 규칙을 연습하는지 살펴봅니다. 만약 어린이들이 손동작을 이용하여 결과를 보여 준다면, 우리는 어린이에게 낱말들을 제공하여 이야기를 이끌어 낼 수 있을까요? 만약 어린이들이 낱말을 사용하여 이야기를 한다면, 우리는 추상적 규칙을, 예컨대 삼각관계도 같은 것을 그려서 결과 설명을 이끌어 낼 수 있을까요? 이와 같이 우리는 게임이 단순히 기계적 활동이나 이야기, 심지어 규칙 게임 중 하나가 아님을 알 수 있습니다. 그것은 교수 도구가 될 수 있습니다. 그리고 사실 특히 영어 교실에서 관사나 주어-동사 일치를 가르치기 위해 이런 방식이 사용되어 왔습니다. 그러나 게임은 본질적으로 진단적입니다.

물론 놀이는 어린이가 문해라는 긴 여정의 밑바탕인 상징적 관계의 파악에 있어서 어느 정도의 성취를 이룩했는지 보여 주는 도구입니다. 글쓰기와 좀 더 직접적으로 연관된 상징적 기호의 능동적 사용 능력의 측정을 위해서는 또 다른 잣대가 필요합니다. 다음 강의는 그 새로운 잣대를 소개합니다.

3.2 진단 영역으로서의 그리기

앞 강의에서는 놀이가 가지는 발달적 의미를 살펴보았습니다. 어린이들이 소리와 의미의 상징적 관계를 파악하려면 먼저 의미라는 것이 대상과 떨어질 수 있다는 사실을 깨달아아 합니다. 비고츠키에 따르면 가상의 역할극은 행동을 발판으로 대상으로부터 의미를 해방시키는 계기가 됩니다. 물론 규칙 기반 놀이는 의미를 행동으로부터 자유롭게 할 뿐 아니라 행동을 의미에 종속시키도록 하는 계기가 되어 줍니다. 문해 발달의 토대가 궁극적으로 소리와 의미의 상징적 관계에 대한 파악으로 귀결된다고 한다면 놀이가 어린이의 상징 발달에 갖는 중요성은 우리를 압도합니다. 따라서 우리는 놀이를 어린이의 문해 발달의 토대를 측정하는 도구로 제시하였습니다. 이번 강의에서는 놀

이와 글쓰기를 이어 주는, 또 다른 상징 발달의 동아줄인 그리기 발
달을 살펴보고 앞 강의에서와 마찬가지로 그리기를 통해 어린이 문해
발달의 토대를 측정해 보겠습니다.

아래 사진의 어린이들은 미니 홉스카치(우리나라의 사방치기) 게임에
서 가위바위보를 하며 자신의 말을 그림 중앙으로 옮기고 있습니다.
이는 가위바위보를 하며 한 칸씩 계단을 오르내리는 우리나라 아이
들의 모습을 떠올리게 합니다. 보다시피 놀이와 그리기는 상이한 목적
과 결과를 지니는 서로 다른 기능이지만, 총체적으로는 서로 분리되
어 발달하지 않는다는 것을 알 수 있습니다.

프놈펜 병원 밖에서 홉스카치 게임을 하고 있는 캄보디아 어린이들

그러므로 비고츠키가 그리기는 하나의 활동이 아니라 최소한 세 개
의 활동임을 발견한 것은 그리 놀라운 일이 아닙니다. 우리는 간단한
'이야기 그리기'에서 '아침'과 '점심'에 맞추어 원을 그리고 빗금을 그
으면서도[1] 그 활동의 목적을 잘 알지 못하는 어린이들과, 행동하기 전
에 전체 의미를 미리 생각하는 어린이들을 앞서 본 바 있습니다.

그리기라는 주제가 나온 김에 이 강의의 마지막 부분의 주제를 조금 당겨서 살펴볼까요? 바로 비고츠키 자신의 생각의 발달입니다. 1930년에 비고츠키는 그보다 훨씬 이전부터 출간 준비가 된 것으로 보이는 어린이의 상상과 창조에 대한 짧은 책자를 발간합니다. 이는 대체로 우리가 '대중 과학'이라고 부르는, 러시아 부모와 교사들을 위한 일련의 에세이집으로 비고츠키 자신의 생각보다는 프랑스와 독일 학자들의 이론을 소개하는 데 집중한 책입니다. 그리기에 대한 장에서 비고츠키는, 아동화를 네 단계로 구분한 케르셴슈타이너의 이론을 어느 정도 비판 없이 인용합니다.

1. (두족화와 X-레이 그림과 같은) 도식적 그리기의 시기: 뷜러가 말한 바와 같이 그림은 인형에 옷을 입히는 것과 같은 방식으로 그려집니다. 먼저 다리를 그리고  속옷을 입히며 그 위에 바지를 그리되 주머니 속 물건들이 다 보이노록 그립니다. 그러고 나서 위에 코트를 그리는 식입니다.

2. 선과 형태 감각이 시작되는 시기: 아래 나타난 인물화나 만화 그리기에서 발견되는 인물상 등이 그 예입니다. 

1. 아침에 맞추어 원을 그리는 것과 빗금을 긋는 것이 가지는 행위, 의미, 몸짓 간의 관계는 물론 서로 미묘하게 다릅니다. 전자는 행위의 결과에 방점이 찍히는 것이고, 후자는 행위 자체에 의미가 부여되고 그 결과 나타나는 선들은 단순히 행동의 흔적일 뿐인 것입니다.

3. 형태 표현의 시기: 아직 원근법이나 대
   상의 삼차원적인 성질을 표현하지 못하
   는 사실적 시기입니다.

4. 삼차원적 묘사 시기

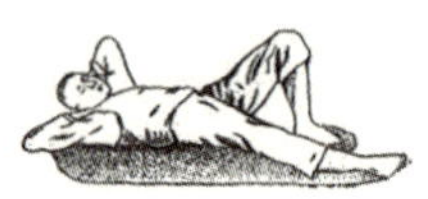

그러나 비고츠키는 이러한 그림들에 대한 논의(『상상과 창조』 8-16~8-23)에서조차 위의 그림들을 명확히 나누는 데 곤란을 느끼는 것으로 보입니다. 그는 단계들 사이의 이행이 결코 혁명적이 아니며, 먼저 외적 형태와 선에서, 그런 다음 비율과 외형에서, 마지막으로 명암과 원근법에서 단순히 점진적인 향상이 나타날 뿐이라고 지적합니다. 굳이 질적인 변화를 꼽으라면 우리는 기능의 외현화에 대해 말할 수 있습니다. 처음에는 기억과 추상에 토대한 주관적 관찰로부터 상당히 특수화되고 시각적 숙고를 기반으로 한 외적인 관찰로 이행하는 것입니다.

『상상과 창조』의 출간 1년 후에(이 책의 실제 집필 시기는 알려져 있지 않습니다) 비고츠키는 『역사와 발달』에서 그리기에 대해 상당히 다른 논조를 보여 줍니다. 일부 경우 동일한 그림을 인용하기도 하지만(7-36), 그는 전에는 그리기에 포함시키지 않았던 것, 즉 *끄적거리며 쓰기*를 매우 강조합니다. 비고츠키는 *끄적거리기*를 연필을 이용하여 흔적을 남기는 독립적인 몸짓의 단계라고 부릅니다(『역사와 발달』 7-15, 『상상과 창조』 8-4와 비교할 것). 비고츠키는 루리야와 함께 어린이들에게 *끄적거리기*를 이용하여 이야기를 기록하고 기억하도록 하는 실험을 수행합니다.

실험은 3~4세 어린이들이 쓰기를 수단으로 다루지 못한다는 것을 보여 준다. 그들은 주어진 문구를 순전히 기계적인 방식으로 기록하며 심지어 문장을 듣기도 전에 계속 *끄적거린다*. 어른을 모방하여 쓰기는 하지만 어린이는 아직까지는 기억술적 기호의 집합으로서 쓰기를 사용할 수 없는 단계에 있기 때문에, 기록이 주어진 문구를 기억하는 데 도움이 되지 않으며, 심지어 기억 과정에서 자신이 기록한 것을 쳐다보지도 않는다. 그러나 이 실험을 계속하면 상황이 갑자기 상당히 변하기 시작한다는 것을 확인할 수 있다. 우리는 자료에서 우리가 말했던 모든 것에서 확연히 벗어나는 놀라운 예를 가끔 발견한다. 어린이는 생각 없이 쓰며 의미 없는 휘갈김과 *끄적거림*을 구별하지 않지만, 문장을 기억해서 말할 때는 매우 구체적인 표시를 가리키고 어떤 표시가 무엇을 의미하는지 실수 없이 여러 번 계속해서 보여 주면서 그가 읽고 있다는 인상을 준다. (『역사와 발달』 7-51).

처음에 이런 식의 이야기 '그리기'는 문법을 갖고 있지 않으며, 실상 그 어떤 체계도 갖지 않습니다. 이는 단순히 표시와 의미 사이의 일대일 대응 관계로 이루어집니다. 그러나 이와 같은 순수한 자의적 연결은 기억하기 너무 어렵기 때문에 어린이의 표시는 점차 더욱 지시적으로 변해 갑니다.

그리고 나서 어린이는 자신의 표시에 완전히 새로운 관계를 발달시키며 그 표시들은 그의 첫 번째 기억술적 기호로 전환된다. 예를 들어 어린이는 종이 위에 선들을 여기저기 그리고 각각의 선을 특정 어구와 관련짓는다. 구석의 한 선은 소를 의미하고 위쪽의 다른 선은 굴뚝 청소부를 의미하는 등 독특한 지형도가 나타난다. 따라서 선들은 기억을 위한 원시적 기호, 즉 재현되어야만 하는 무언가에 대한 기호이다. 이 첫 번째 단계에서 우리가 미래 쓰기의 기억술적 전조를 보는 데에는 타당한 이유가 있다. 어린이는 이제 미분화된 선들을 점차 기호로 변형시키며, 상징적인 선과 휘갈김은 모양과 그림으로 대체되고 그들은 결국 그 자리를 기호에 내어 준다. (『역사와 발달』 7-52)

그러나 이는 실제 발달 수준을 확립해 줄 뿐입니다. 다음 과업은 소위 기능적 이중 자극법(비고츠키와 사하로프가 『생각과 말』 5장의 블록 실험에서 사용한 실험법)이라 불리는 협력 형태를 이용하여 근접발달 수준을 확립하는 것입니다. 비고츠키는 다음과 같이 결과를 기술합니다.

실험을 통해서 우리는 이 발견의 순간을 묘사할 수 있을 뿐 아니라 그것이 알려진 요인들에 따라 어떻게 진행되는지를 알 수 있다. 주어진 문장에 도입된 기호는 숫자와 모양을 가리키며 의미가 없던 기록들이 최초로 분석되고, 동일한 선들과 휘갈김을 사용해서 특정한 지각과 이미지를 나타낸다. (『역사와 발달』 7-52)

루리야와 비고츠키는 기록하고 기억하기 과업을 하는 4, 5세 어린이들에게 숫자와 색깔, 심지어 작은 그림을 사용하도록 합니다. 이제 스키마는 일종의 상형문자적 쓰기의 형태를 띠게 됩니다. 이는 케르센슈타이너의 도식에 의하면 가장 낮은 단계에 포함되지만 그 의미상 실제로는 그에 비할 수 없는 혁명적 도약입니다. 그러나 이것이 그리기 행위와 그 의미 사이의 근본적 재구조화를 나타내기는 한다 해도, 여전히 마지막 혁명적 단계로부터는 멀리 떨어져 있습니다.

비고츠키는 우리가 어린이에게 알파벳을 가르치고 상형문자적 쓰기가 아닌 알파벳을 쓰게 하더라도, 어린이는 위와 동일한 혁명적인 단계들을 겪어 나간다고 지적합니다.

예컨대 낱자를 쓸 수는 있지만 쓰기의 기능적 목적을 이해하지 못하는 어린이들은 낱말들을 띄어 쓰지 않거나(예컨대, writing-wordstogetherlikethis), m을 n 두 개로 nn과 같이 쓰기도 하고, 자신이 쓴 내용을 전혀 기억하지도 못할 것입니다. 이는 *끄적거리기*를 하는 어린이와 다를 바 없습니다. 그러나 낱말이 말을 '그린다'는 것을 이해하고 있는 이린이는 띄어쓰기는 물론 낱말의 순서도 매우 잘 이해하고 있을 것입니다.

따라서 놀이와 더불어 그리기도 문해 발달에 포함되는 하나의 단계입니다. 또한 행위와 의미 사이의 관계라는 관점에서 볼 때에도, 놀이와 같이 그리기는 하나의 단계가 아닌 (최소한) 세 개의 단계로 이루어져 있습니다.

1단계 그리기는 '유사-그리기' 혹은 '즉자적 그리기'입니다. 우리는 이를 기계적 그리기라고 부를 것입니다. 기계적 그리기는 몸짓이며 기계적 놀이와 같이 그에 의미를 부여하는 명백한 체계가 없는 자동적, 무의미적, 그리고 종종 반복적인 신체적 활동에 토대합니다.

2단계 그리기는 도식적 혹은 '대타적 그리기'입니다. 우리는 이를 역할 그리기라고 부를 것입니다. 이는 우리가 '아침 먹고 땡'에서 본 이야기 그리기나 만화 혹은 수수께끼 그림[2]과 같이 가상의 상황을 협력적, 협동적으로 그리는 그리기입니다. 비고츠키는 어린이들이 종종 자신의 그림에서 표상(imagery)을 표현하기 전에 먼저 타인의 그림에서 표상을 발견한다고 주장합니다(『역사와 발달』 7-42). 이것이 사실이든 아니든, 그림의 단순화되고 추상화된 성질이 어린이의 쓰기를 숫자와 상징 그리고 (궁극적으로 말을 포함할 수 있는) 상형문자적 쓰기로 일반화될 수 있도록 해 준다는 것은 명백합니다.

3단계 말은 그리기를 글말의 형태로 보충하거나(생각풍선, 해설) 대체합니다. 즉, 사람들의 말이나 생각 과정, 심지어 감정조차 선이나 형태가 아닌 낱말을 통해 '그려지는' 것입니다.

이 세 단계를 모두 포함하는 복합적인 활동을 살펴보겠습니다(이 '이야기 그리기'는 서울의 한 중학교에서 가르치는 김기중 선생님이 제공한 것입니다).

2. Rebus drawing. 의미와는 무관하게 소리만을 연상시키는 그림으로 뜻을 전달하는 방식입니다. 예를 들어 어린이가 병을 들고 있는 그림이 '아이가 아프다(병들었다)'는 의미를 전달하는 식입니다.

옛날 옛적에 오누이가 엄마와 함께 살고 있었습니다. 그들은 가난
했지만 함께 있어 행복했습니다.

어느 날 마을에서 큰 잔치가 열렸습니다. 엄마는 일을 해 주고 돈
을 벌기 위해 마을에 갔습니다. 마을로 가는 길에는 큰 산이 있었
습니다.

갑자기 호랑이가 나타났습니다. 엄마는 너무 무서워 달아날 수도
없었습니다. 그러자 호랑이가 말했습니다. "떡 하나 주면 안 잡아
먹지." "지금은 떡이 없어요. 하지만 돌아오는 길에 떡을 드릴게요."
엄마가 대답했습니다. 그러자 호랑이는 엄마를 보내 주었습니다.

엄마는 산을 내려와 마을로 갔습니다. 잔치가 끝나고 엄마는 호랑
이를 피해 다른 산을 넘어 집에 가기로 하였습니다. 그러나 두 번
째 산을 넘기 전에 호랑이가 다시 나타나 말했습니다. "떡 하나 주
면 안 잡아먹지". 엄마는 호랑이에게 떡을 주었습니다.

그런 후 엄마는 산을 올랐습니다. 그러나 산 꼭대기에서 호랑이가
다시 나타나 말했습니다. "떡 하나 주면 안 잡아먹지". 엄마는 호
랑이에게 떡을 주었습니다.
마침내 엄마는 산을 내려와 집으로 가기 시작했습니다. 그러나 또
다시 호랑이가 나타난 것이었습니다. 엄마에게는 더 이상 떡이 남
아 있지 않았습니다. 남매에게 줄 떡 두 개만 챙겨 왔기 때문입니
다. 못된 호랑이는 엄마를 잡아먹고 말았습니다.

엄마를 잡아먹은 호랑이는 엄마처럼 옷을 차려 입고는 오누이가
기다리는 집으로 향했습니다. 집에 도착한 호랑이는 엄마인 양 오
누이에게 말했습니다. "해님아, 달님아, 엄마 왔다. 문 열어 다오."
해님과 달님은 털이 북슬북슬한 호랑이의 발을 보고는 겁에 질렸
습니다. 그들은 뒷문으로 몰래 빠져나와 나무 위로 올라갔습니다.

그때 하늘로부터 두 개의 동아줄이 내려왔습니다. 해님과 달님은
하나씩 줄을 잡고 하늘로 올라갔습니다. 화가 난 호랑이에게도 잠
시 후 동아줄이 내려왔습니다. 호랑이는 신이 나서 줄을 잡고 하
늘로 올라가기 시작했습니다. 하늘에 도착해서 오누이는 무엇을
보았을까요?
나! 이건 임마아. 그리고 엄마가 호랑이야!

이야기의 끝에 나타나는 의미는 모든 이야기 부분들의 의미를 변화시킵니다. 그러나 이 의미는 어린이가 설명하기에는 다소 어렵습니다. 왜 엄마가 호랑이로 변했을까요? 그리고 다음에는 어떤 일이 일어날까요?

위의 그림은 어린이들이 놀이터에서 저희들끼리 만들어 낸 이야기 그리기인 '아침 먹고 땡'과 유사합니다. 우리는 위 이야기가 앞에서 논의했던 요소들을 모두 가지고 있음을 볼 수 있습니다. 여기에는 이야기 속의 기능적 의미(집, 산, 마을, 동아줄)를 갖는 선과 추상적 형태가 나타납니다. 그러나 이 그림은 그리기 과정과 무관한 결과를 보여 주는 서로 무관한 요소들의 집합이 아닙니다. 그것은 레넘의 자료에 나온 네 소년이 산 위에 올라서 본 지도와 더 가깝습니다.

그리기를 진단적 근접발달영역으로 이용하는 방법은 어린이들에게 똑같은 그림을 (이야기를 하면서 또는 하지 않으면서) 다시 그려 보도록 하는 것입니다. 결과는 지도에 가까울까요, 호랑이에 가까울까요?

좀 더 큰 어린이들(학령기 어린이들)은 이야기를 네 컷 만화로 그리고 싶어 할 수도 있습니다.

- 호랑이가 엄마를 만난다.
- 호랑이가 오누이를 만난다.
- 호랑이와 오누이가 하늘로 올라간다.
- 하늘에서 호랑이가 된 엄마를 만난다.

물론 마무리는 말을 필요로 합니다. 엄마가 호랑이로 변한 것일까요, 엄마가 호랑이를 벌한 것일까요? 어린이들은 말풍선과 생각풍선을 이용하여 이를 설명할 수 있을까요?

이 부분에서 우리는 한 그리기 형태에서 다른 형태로의 변화가 점진적이지 않으며, 행위와 의미 사이의 관계에 대한 혁명적인 재구조화를 포함한다는 것을 보았습니다. 먼저 행위가 완전히 의미를 지배하고 의미는 행위 없이 존재하지 못한다면 그 후에 역할은 역전됩니다. 아마도 비고츠키의 말처럼 어린이는 다른 이들의 그림을 보고 그것을 유의미하게 해석하며, 그럼으로써 먼저 의미하고 후에 행동하는 것을 배우는 것일지도 모릅니다.

우리는 교사의 관점에서 그리기에는 미적 가치뿐 아니라 진단적 가치 또한 포함되어 있음을 확인하였습니다. 끄적거리기를 이야기와 연결함으로써 루리야와 비고츠키는 쓰기 체계를 어린이 스스로 발명하도록 하였습니다. 그리고 지도 혹은 만화와 유사해 보이는 이야기 그리기 형태를 제공함으로써 우리는 어린이가 스스로 만화를 발명하고 말을 그리는 능력을 학습할 수 있는지 여부와 그 정도를 관찰할 수 있을 것입니다.

앞에서 교사가 어린이들에게 식물이 말을 할 수 있다는 생각을 전달하는 데 어려움을 겪는 장면을 보았습니다. 할러데이는 비록 어린이들이 식물에게 말을 걸지는 않을지라도 동물에게는 말을 걸며, 그 이유 중 하나로 동물들이 실제로 어린이 말의 초기 형태, 즉 몸짓, 표현, 울음 등을 공유하고 있기 때문이라고 말합니다.

또한 할러데이는 비록 유아기와 초기 유년기에 행위와 의미의 관계가 한 번이 아니라 여러 번에 걸쳐 변형되지만, 의미 자체(어린이의 생각 체계)는 놀랍도록 견고하게 남는다고 지적합니다. 사실상 이 때문에 어린이는 이러한 이야기들을 한 세대에서 다음 세대로 수백, 수천 년에 걸쳐 전수해 올 수 있었던 것입니다.

그러나 학교에서는 이 모든 것이 변합니다. 비고츠키는 다음과 같이 말합니다.

> 어린이는 사물뿐 아니라 말도 그릴 수 있다는 중대한 발견을 해야만 한다. 오직 이 발견을 통해 인류가 낱말과 글자를 쓰는 놀라운 방법을 갖게 된 것처럼 어린이 또한 이를 통해 글자를 쓸 수 있게 된다. 심리적 관점에서 볼 때 이것은 사물 그리기에서 말 그리기의 이행과 같은 방식으로 해석될 수 있을 것이다. (『역사와 발달』 7-57)

글말과 더불어 우리는 마침내 행위와 의미 사이의 관계뿐 아니라 의미 자체의 질을 변형시키는 기술을 발견합니다. 글말을 통해 의미는 소리가 없어지고 '지금 여기'에서 멀어지며 말을 통한 의미보다 훨씬 빠르면서도 동시에 훨씬 오랫동안 지속되게 됩니다. 시각적 매체에 고정됨에도 불구하고 종이 위에 텍스트로 쓰이고, 숙고된 의미는 비유적 언어를 포함하여 눈에 보이지 않는 학교 기반 개념들이 형성될 수 있도록 해 줍니다. 글말을 통해 생각은 더욱 개인적이고 자기 지향적이 되는 동시에 더욱 사회적이고 타인 지향적이 됩니다.

이것은 논리적으로는 모순이지만 실제 삶에서는 그렇지 않습니다. 즉, 형식 논리상의 모순이지만 변증법적 논리상으로는 모순이 아닌 것입니다. 변증법적 논리는 실제 사람 사이의 대화에서 도출되므로 생각들이 구분될 뿐 아니라 서로 연결되어 있다는 것을 이해하고 있기 때문입니다. 결국 교실에서 더 많은 협력이 일어날수록 어린이들은 수업 중의 대화를 마음에 품은 채 수업을 마치며, 쉬는 시간 동안 더욱 개인적 존재로 발돋움하게 될 것입니다. 따라서 수업과 수업 사이에 더 많은 개별화가 획득될수록, 어린이들이 쓰기를 시작할 때 서로에게 할 말이 더 많아진다는 논리가 성립하는 것입니다.

3.3 진단 영역으로서의 쓰기

이번에는 영어 수업에서 직업에 대한 브레인스토밍을 하는 장면을 살펴보겠습니다. 교사는 다음의 학습지로 수업을 시작합니다.

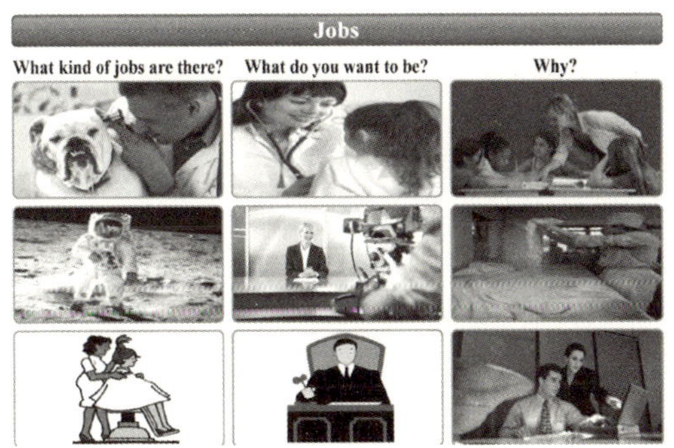

이 그림들을 영어 단어(veterinarian, astronaut, hairdresser, doctor, newscaster, judge, teacher, cook 등)로 바꾸면 처음 두 질문에는 쉽게 대답할 수 있지만, 세 번째 질문에 대답하는 데는 별 도움이 되지 않습니다. 첫 번째 질문(What kind of jobs are there?), 두 번째 질문(What do you want to be?)에는 잘 맞는 예시 그림들은 세 번째 질문(Why?)에

는 전혀 도움이 되지 않습니다.

그러나 사실, 곰곰이 생각해 보면 그림들은 첫 번째, 두 번째 질문과도 그리 상관이 없습니다. 위의 그림들은 직업의 '종류'를 나타내는 것도 아니고(What kind of jobs?), 어린이가 그림 속 인물을 '동일시'할 수 있는 연결 고리도 제공하지 못합니다(What do you want to be?). 그림들 사이에는 표면상 어떠한 내적 관련도 없어 보입니다. 따라서 교사는 직업들 간 연결을 만들어 내기 위해 직업을 어린이들과 연관 짓습니다. 교사는 어린이들이 선호하는 직업들을 칠판에 적게 한 후, 유사한 것끼리 분류하여 무리 짓게 합니다. 이제 처음 두 질문에 대해 대답할 수 있는 명확한 직업군이 나타납니다.

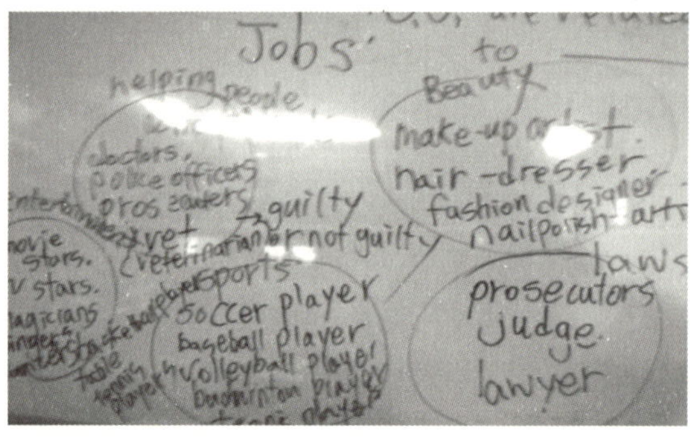

그렇다면 세 번째 질문은 어떻게 해야 할까요? 교사는 단순히 어린이들의 선호도를 기반으로 한 주관적인 '직업명의 더미'가 자료를 무질서하게 만들 수도 있다는 것을 잘 이해하고 있습니다. 심리적으로 그것은 고등 개념으로 나아가는 것이 아니라 혼합주의로 한 걸음 후퇴한 것입니다. 따라서 교사는 어린이들로 하여금 직업들을 비교하고 논의하게 함으로써 주관적인 선호도를 좀 더 객관적인 속성으로 변환시키고자 합니다. 다음의 사진을 보면 이 교사는 이 객관적 속성을 'Advantages'과 'Disadvantages'라 정한 것을 알 수 있습니다.

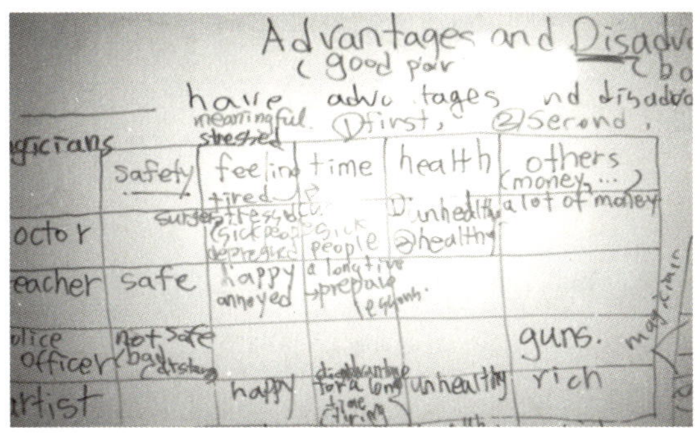

첫 번째 사진에서는 상위어(beauty, helping people, law, entertainment, sports)를 빨간색으로 쓰고, 하위어인 직업명(make-up artist, hair dresser, fashion designer, and nail-polish artist)을 파란색으로 썼습니다. 그러나 두 번째 사진에서는 빨간색과 파란색이 이와 다른 의미를 지닙니다. 어린이들은 빨강 팀과 파랑 팀으로 나뉘어 연속된 세 칸을 자기 팀 색으로 먼저 채우면 이기는, 오목과 같은 일종의 규칙 기반 게임을 하고 있습니다. 각 직업의 장점과 난점을 설명하면 교사는 핵심 내용을 각 팀의 색으로 칠판에 적어 줍니다. 이런 식으로 어린이들은 직업에 대한 선입견이나 급여, 사회적 평판과 같은 주관적 판단 기준의 범위를 넘어 직업군별 특성과 객관적 장단점을 다각도로 고려할 수 있는 기회를 얻게 됩니다. 이 선생님은 참으로 현실적인 동시에 이상적인 지향점을 추구하고 있습니다.

안테우스와도 같이 교사는 두 다리로 땅 위에 굳게 선 채 학생들이 나아가야 하는 발달의 방향을 가리킵니다. 이 게임은 교사로 하여금

어린이들이 사용하는 낱말의 의미가 어느 정도의 발달 수준에 이르
렀는지 진단할 수 있게 해 줍니다. 다음 수업 장면에서 교사는 '법과
관련된 직업'이라는 상위 개념으로 시작합니다. 그렇지만 이 상위어에
대한 어린이의 이해는 전혀 개념적이지 않다는 것을 확인할 수 있습
니다.

교사 Could you tell me any jobs with laws?

학생 1 Prosecutor.

학생 2 찾아보지도 않고!

교사 He knows it because he wants to be a judge, right?

교사 Prosecutor, judge, and what else?

교사 Lawyer, lawyer.

학생들 Lawyer.

학생 2 지금 법정에 있는 사람들을 말하고 있는 거죠?

교사 Yes.

학생 2 증인.

교사 That's not the job (sic). You don't get the money (sic).

*sic은 원문대로(sic erat scriptum)라는 라틴어 표현의 부사입니다. 데이터
상 문법적 오류 등이 발견되어도 그대로 기술할 때 사용됩니다.

학생 2는 학생 1이 영어 사전을 찾아보지도 않고 'prosecutor'라는
낱말을 이미 알고 있음에 놀랍니다. 교사는 학생 1이 판사가 되고 싶
어 하는 것을 알고 있었기에 그리 놀라워하지는 않습니다. 교사는 학
생 1에게 있어 'prosecutor'가 비고츠키가 '연합 복합체'라 부른 것, 즉
학생 1이 되고 싶어 하는 판사의 모습과 연결된 일종의 느슨한 '가족

적 관계망'[3]의 일부라고 생각합니다.

교사는 'lawyer'라는 낱말을 포함시켜 이 연합체를 넓히려 합니다. 학생 2는 이것을 법정에 대한 묘사로 이해하여, 비고츠키가 수집 복합체라 부른 것(증인)을 만들어 냅니다(이 수집 복합체 목록에는 법정이라는 특정한 실제 장소와 연관된 구체적, 실제적 사람들 모두가 포함됩니다). 준석은 증인을 직업에 포함시킴으로써 돈과 직업이라는 추상적 관계를 파악하지 못했음을 보여 주며, 교사는 이를 가르치고자 합니다.

여기서 한 가지 짚고 넘어갈 부분이 있습니다. 영어에서는 일반적인 것과 특수한 것 사이의 관계가 특정 낱말로 실현됩니다. 이 낱말은 거의 모든 영어 텍스트에서 가장 많이 나오며, 두 번째로 가장 많이 나오는 낱말보다도 두 배로 많이 나옵니다. 바로 한국 어린이들이 가장 배우기 힘든 낱말이기도 한 정관사 'the'입니다.

Teachers help people. She is a teacher. The teacher is Ms. Bak.

위에서 보다시피 일반적인 것에서 하나의 예시로의 선환은 'a'로 표시됩니다. 그러나 헤겔이 말한 '구체로의 상승'은 항상 'the'로 표시됩니다.

대화의 마지막 줄에서 보듯이 교사는 과잉 일반화를 하고 있습니

---

3. 가족적 관계망은 논리적 관계가 아닌 실증적이고 경험적인 관계입니다. 어떤 사람이 그 가족의 일원이 되느냐 아니냐를 결정하려면 생물학적 혈연관계에 더해 다양한 사회 문화적 관계(결혼, 이혼, 입양 등)가 고려되어야 합니다. 따라서 가족관계를 판단하는 기준은 매번 다릅니다. 마찬가지로 학생 1에게 prosecutor는 법률관계 직업의 한 하위 범주로서가 아니라, 법률과 관련되어 떠오르는 경험적 연상 작용에 의해 나타나는 단어라고 교사는 판단합니다(학생 1의 아버지는 판사입니다).

다. 교사는 'a' 대신 'the'를 너무 많이 사용합니다. 이 남용은 'the'가 매우 흔하기 때문에 이해할 만한 실수이며, 심지어는 어린이들로 하여금 'the'를 사용하도록 격려할 수 있기 때문에 유용할지도 모릅니다. 자주 나올수록 쉬워진다는 이론이 옳다면 이러한 실수가 효과가 있을 것입니다. 그러나 과연 그런지 아래 글을 살펴볼까요?

다음은 영희가 쓴 글입니다.

> I want to be a doctor. This Job is kind of helping sick people. And my teacher's job is English teacher. I learned English to my English teacher. Well, my friend Gun-Woo want to be a police officer. It's kind of helping people, too.

앞서 우리는 영어에서 'the'가 가장 많이 쓰인다고 말했지만, 이 글에서는 그렇지 않습니다. 한국어에서 개념을 표현하는 방법은 영어와 다릅니다. 한국어에서 개념은 단수인 관념으로 표현됩니다. '선생님은 어린이를 도와준다'라는 문장은 관념화와 추상화를 포함합니다. 선생님이라는 개념이 포함하는 온갖 부수적인 특징들을 쳐내고(추상화) 일반적 단수 개념 속에 이상적인 '선생님'을 투사(관념화)하고 있기 때문입니다. 그렇지만 영어 표현 'Teachers help people'에는 일반화, 즉 특성 모으기만이 발견됩니다.

비고츠키가 『생각과 말』 5장에서 설명한 다양한 전前 개념적 사고 단계를 기준으로 삼는다면, 우리는 영희의 글을 통해 영희의 복합체적 사고를 진단할 수 있습니다.

• 연합 복합체: 유사점에 토대한 연합적 연결

예 me, my friend.

생각의 흐름이 I, my를 중심으로 조직되어 있으며, 이는 의미뿐 아니라 소리상의 유사성에 큰 영향을 받고 있습니다.

• 수집 복합체: 차이점에 토대한 기능적 연결. 포크가 나이프를 연상시키듯 기능적 보완성에 따라 맺어지는 연결

예 doctor, sick people.

'의사'라는 단어는 그를 필요로 하는 '환자'라는 개념을 연상시켰습니다.

• 사슬 복합체: 중심이 되는 공통점 없는 연합적 연결의 연속. 체인이 그러하듯 각 고리는 다음 고리하고만 연결됩니다.

예 doctor, this job, teacher's job, English teacher, I learned English.

• 확산 복합체: 무한하게 점진적으로 넓혀 가는 연결

예 doctors help people, teachers help people, police help people.

여기서 help라는 말은 매 번 미묘하게 다른 뉘앙스를 가지며 계속 새로운 연상 작용을 일으킵니다.

- 의사개념: 성인과 똑같은 방식으로 사용되는 낱말이지만 교사
가 어린이들에게 직업이란 돈을 버는 일임을 상기시켰을 때 알
수 있듯이 아직 개념적 의미가 아닌 복합체적 의미의 낱말
예 job.

물론 비고츠키가 말한 전 개념적 사고 단계에 토대하여 영희와 그
의 글을 어떤 고정된 발달 단계로 지정하는 것은 매우 잘못된 일일
것입니다. 어린이 생각에 대한 비고츠키의 설명에서 우리는 그가 이러
한 단계적 구분을 피하고 있음을 알 수 있습니다. 이러한 짧은 글에서
도 여러 단계가 나타납니다. 따라서 영희와 친구들의 발달 단계를 결
정하려면, 영희의 글뿐만 아니라 다양한 행동 양식을 비교하여 총체
적으로 살펴봄으로써, 여기에서 발견되는 다양한 단계 중 어떤 단계가
교사와의 협력을 통해 발달될 수 있는지 조사해야 합니다.

예를 들어 다음 수업 장면에서는 어린이들이 추석에 대해 생각하며
이야기하고 있습니다. 대화는 당연히 음식에 대한 혼합적 더미로 시작
되었고, 교사는 이를 조상에 감사하는 명절의 의미와 연결하려 노력
합니다.

> 교사 Great food! You collect the food in the fall, right? You
> work in spring time and summer time and you just collect the
> food in the fall and celebrate Chu-Seuk. Thanks, ancestors.
> Thanks for helping.
> 학생 1 Teacher, but in future…….

교사 In the future.

학생 1 Scientists make '안 죽는 약'.

교사 There's medicine?

학생 1 Family was a very big family.

교사 Do you think so?

교사 We will have an extended family? Wow, maybe, but I don't think it will be possible. OK.

학생 2 My mom says, 너무 오래 사는 것도 싫대.

학생들 Why?

교사 Yes, it's really really old (sic), and it's hard to (sic)……me, either (sic).

학생 1 그냥 신이면 좋은데 신은 안 죽어서.

학생 1은 전 시간에 배운 대가족을 이야기하고 있습니다(전 시간에 교사는 학생들에게 열 명의 형제자매가 있다면 어떨지 질문했습니다). 학생 1은 미래에 의학 기술이 발전한다면 수명이 연장되어(대가족이 확산 복합체가 되어) 가족의 의미가 사라질 것이라고 생각하는 듯합니다. 확산 복합체는 점차 본래의 의미가 사라져 간다는 데 특징이 있습니다.[4] 학생 2는 모든 사람이 수명 연장을 바라지는 않는다고 지적하며, 교사도 이에 동의합니다. 이러한 대화는 학생 1에게 삶과 죽음을 초월한 신의 존재를 상기시킵니다. 우리는 교실 내의 협력적 대화를 통해 도출되는

4. 비고츠키는 아브라함에게 '네 자손이 바닷가의 모래알같이, 하늘의 별들과 같이 번성할 것'이라고 한 신의 약속을 확산 복합체의 예로 듭니다.

'다음발달영역'이 사실상 '확산 복합체'임을 확인할 수 있습니다.

교사가 'helping people'이라는 확산 복합체로 수업을 시작하였음을 상기합시다. 영희가 위 대화에 대해 쓴 일기를 살펴보면, 영희는 여전히 'helping people'에 대해 생각하고 있지만, 의사가 되려는 생각은 잊어버린 듯합니다.

> I will talk about why people made Chu-Seuk, and if now is Chu-Seuk, then what we do.
>
> Well, I learned why people made it, because we believe ancestors help to grow the foods well, so we bow and celebrated the foods grow well, and… Ah! We make Song-Pyun and eat it. But we play games, too. We do GangkangSuwollae, we Watch Bull fight, Sirrum, too. Maybe, long ago, people are very poor. Because they have to work very hard on spring and summner, and they have to prepare winter. How? They collected foods on fall, so they can eat foods. So they are poor. So! I will help poor people! Ha, ha!

> 나는 사람들이 왜 추석을 만들었고 추석에 무엇을 하는지 말해 보겠다.
>
> 나는 사람들이 왜 추석을 만들었는지 배웠다. 우리는 조상들이 곡식을 잘 자라도록 돕는다고 믿으므로 풍년에 감사하고 그것을 축하한다. 아! 우리는 송편을 만들어 먹는다. 우리는 놀이도 한다. 우리는 강강수월래를 하고 소싸움과 씨름도 구경한다. 아마도 오랜 옛날에는 사람들이 매우 가난했을 것이다. 봄과 여름에 아주 열심히 일했어야 했기 때문이다. 그렇게 그들은 겨울을 준비해야 했다. 어떻게? 가을에 곡식을 저장해서 먹을 수 있게 했다. 그렇게 그들은 가난했다. 그래서 나는 가난한 이들을 도울 것이다. 하하![5]

이 글 마지막 'poor people'의 등장은 갑작스러워 보이지만, 사실 이는 우리가 겨울을 나도록 도와주는 조상에게 감사해야 한다는 생각에서 출발한 것입니다. 물론 수업 중 의학 발전을 부정적으로 논의했다는 사실이 학생 3으로 하여금 의사가 되려는 생각을 바꾸게 했다고 말하는 것은 비약일 것입니다. 그러나 확실한 것은 영희의 글을 전체적으로 다시 보게 되면, 원인과 결과를 연결하기 위해 처음으로 'because'를 사용하기 시작했다는 것입니다. 진단적 관점에서 보면, 영희의 다음발달영역은 인과 관계입니다.

또한 영희가 처음 사용한 helping people의 의미는 상당히 일반적이고 미분화되어서 교사, 경찰, 의사에 모두 공통적으로 사용될 수 있는 확산 복합체였습니다. 그러나 추석에 대한 대화를 통해 '사람들 일반'과 '경제적 궁핍을 겪는 사람들'을 구분함으로써 우리는 '사람을 돕는다(helping people)'는 말의 의미가 더욱 정교화되는 모습을 관찰하게 됩니다.

또 다른 예를 살펴볼까요? 다음에서 소개하는 두 편의 글은 서울 소재 공립초등학교 5학년 1학기 국이 시간에 학생들이 쓴 주장하는 글입니다. 학생들은 주장하는 글쓰기의 내용 구성과 형식에 대해 공부하였으며, '스마트폰을 적당히 사용하자'라는 주장에 대해 교사와 학급 전체가 주장에 대한 근거와 뒷받침하는 예를 브레인스토밍을 통해 토의하고 각자 글을 써 보도록 하였습니다.

5. 저자들이 편의상 번역한 내용입니다.

〈제목: 스마트폰을 적당히 사용하자〉

어제 선생님이 일기장을 안 주셔서 오늘 쓰게 되었다. 제목은 스마트폰을 적당히 사용하자이다

나는 스마트폰을 적당히 사용하지는 않다

그래서 나는 이제는 적당히 사용할 것이다

그래서 공부만 하지는 않고 1시간~3시간 만할 것이다

그러니까 이젠 폰을 거의 사용하지 않을 거다.

가민이 글은 우선 한눈에 보기에도 문단 나누기와 마침표의 사용이 없으며, 세부적으로도 주장하는 문장과 뒷받침 문장의 조합이 보이지 않습니다. 내용면에서 글의 일관성을 나타나는 데 기여하는 것처럼 보이는 '나는', '그래서', '적당히 사용' 등의 반복적 사용은 가민이의 복합체적 사고, 특히 공통성을 기반으로 한 연합적 사고가 지배적

임을 보여 주는 반면, 주장에 대한 근거, 왜 스마트폰을 적당히 사용해야 하는가에 대한 여러 가지 이유를 보여 줄 수 있는 이질성을 기반으로 한 수집체 복합체적 사고는 아직 관찰되지 않습니다.

또한 인과 관계를 나타내는 연결어 '그래서'가 반복적으로 사용되고 있으나 정작 인과 관계에 관한 논리적 연결은 보이지 않습니다. 이는 '그래서'의 정확한 개념이 없는 공허한 표현[6]에 지나지 않습니다.

따라서 주장하는 글쓰기 활동에서 향후 가민이가 나아가야 할 발달의 다음 영역은 문단 나누기와 구두점 찍기, 내용의 반복보다는 이질성에 토대한 내용의 확장 및 다양성을 기반으로 한 좀 더 분화된 사고 확장(수집적 복합체적 사고 혹은 확산적 복합체적 사고)이며, 인과 관계의 올바른 사용입니다.

> **나민이의 주장하는 글**
>
> 〈제목: 스마트폰에게도 휴식을, 몸에게도 휴식을〉
> 요즘은 너 나 할 것 없이 거의 다 스마트폰을 사용한다. 그러나 지나치게 사용해서 문제가 생긴다. 그러므로 우리는 스마트폰을 적당히 사용해야 한다.
> 스마트폰을 적당히 사용하여야 하는 이유는 다음과 같다.
> 첫째, 여러 질환을 일으킨다. 스마트폰을 오래 사용할 경우 목 질환(거북목, 디스크)이나 안구건조증의 문제를 일으킨다. 학생들이 이

---

6. 의사개념, empty verbalism이라고도 표현됩니다. 공허한 말소리라는 것입니다. 어린이들이 사용하는 많은 과학적 개념들은 의사개념입니다. 낱말이 문맥에 맞게 사용되는 듯하지만 분석해 보면, 상위 개념과 하위 개념 사이의 위계성이 구축된 일반적이고 체계적 의미가 아닌, 경험적이고 구체적인 이미지를 갖는 것입니다.

런 문제가 많이 일어난다.

둘째, 대인 관계가 저하된다. 스마트폰으로 채팅이나 게임하느라 친구도 만나지 못하고, 점점 대인관계 능력이 떨어지며 동시에 면역력까지 침범한다.

셋째, 경제적 문제가 생긴다. 게임에서 파는 콘텐츠를 사느라 돈까지 스마트폰에 사용할 수 있다.

이렇게 스마트폰을 오래 사용함으로 많은 문제가 발생한다. 지금, 사용하는 스마트폰에게도 휴식을 주고 우리의 몸도 휴식을 취하게 하면 어떨까?

나민이의 글에서 한눈에도 앞서 분석한 가민이의 글과는 다른 현저히 정교하게 분화된 사고의 과정과 수준이 뚜렷이 포착됩니다. 우선 주장하는 글쓰기 형식에 맞는 문단 형식과 문단 구분이 나타나고 스마트폰 → 여러 질환 → 대인관계 → 경제적 문제라는 확산 복합체적 생각의 연쇄가 주장에 관한 다양한 이유로 제시되어 있습니다. 즉 주장에 대한 근거를 생물학적 측면, 사회적 측면, 경제적 측면의 부작용으로 범주화한 것으로 보입니다. 하지만 글을 다시 면밀히 살펴보면, 이 범주화는 명확하지 않고 혼동되었으며, 나민이가 사용한 여러 낱말에서도 어른과 같은 낱말을 쓰더라도 그 의미가 다른 의사개념이 계속 발견됩니다. 예를 들어, 생물학적 측면의 나쁜 점으로 '목 질환'을 언급하면서 그 예로 '거북목'과 '디스크'를 들었는데, 나민이는 거북목이 목디스크 질환의 일종이라는 점은 모른 채 개념의 위계에서 서로 다른 위치를 차지하는 두 낱말을 병렬적으로 배치하고 있습니다. 또한 두 번째 이유로 든 '대인관계의 저하'는 사회적 측면에서의 부작용으로, 이에 대한 구체적 예(친구와의 관계 소원 등)를 들며 설득력 있게 논리를 전개하는 듯하다가 갑자기 이어지는 문장에서는 생물학직 부작용('동시에 면역력까지 침범한다')을 혼용하여 씀으로써 범주화에 관한 혼돈을 보입니다. 나민이가 여기서 보여 주는 '면역력'의 뜻은 '경제적 문제'에서와 같이 아직 의사개념 수준에 머무르고 있음을 알 수 있습니다. 마지막으로 든 이유인 '경제적 문제'는 '돈을 낭비한다'는 의미일 뿐, 거시적 차원의 '경제적 문제'라는 진정한 개념 형성 수준에 도달했다고 볼 수는 없습니다.

따라서 주장하는 글쓰기 활동에서 향후 나민이가 나아가야 할 발달의 다음 영역은 상위 개념과 하위 개념에 따른 근거의 명료한 범주화(사회적 측면과 생물학적 측면의 구분)이며, 뒷받침하는 문장과 예가 상호 간의 타당성을 높여 줄 수 있도록, 의사 개념이나 부풀려진 공허한 문구가 아닌 스스로가 표현하고자 하는 뜻과 의미를 진정으로 나타내면서도 논리적 인과성을 갖춘 글쓰기인 것입니다.

4강

발생적 관점:
근접발달영역의 발달

2세와 8세의 말 그림. 2세의 말 그림은 부분에서 전체로 나아가는 반면
8세의 말 그림은 전체에서 부분으로 세분화되어 나가는 모습이 두드러지게 대비된다.

앞 강의에서 여러분은 수업의 구조를 발달적 관점에서 바라보아야 하는 까닭을 살펴보았고, 어린이의 문해 발달을 측정하는 효과적인 척도로서 놀이, 그리기, 쓰기를 근접발달영역으로 활용하는 기능적 사례들을 알아보았습니다. 이 강의에서는 근접발달영역이라는 개념이, 갑자기 등장한 것도 부차적인 것도 아니며, 비고츠키 이론의 정수를 포함하는 그의 발달 이론의 마지막 열매임을 보여 주는 증거들을 함께 모아 보고자 합니다.

그림은 보그다노프-벨스키의 「속으로 계산하기. S. A. 라진스키 공립학교에서」라는 작품입니다 한국어판 비고츠키 선집 1권 『생각과 말』의 표지 그림으로도 사용되었지요.

S. 라친스키는 저명한 식물학자였습니다. 다른 많은 러시아인들처럼 그도 다윈의 진화론을 받아들였지만 만인의 만인에 대한 투쟁이라는 개념은 거부했습니다. 그는 협동이 경쟁만큼 진화에서 많은 부분을 차지했다고 생각했습니다. 생의 후반부

에 그는 모스크바 대학의 교수직을 버리고 자신의 친구 톨스토이처럼 자유 마을 학교를 설립하고, 직접 아이들을 가르쳤습니다. 사실 위 그림에 있는 나이든 신사는 아마도 S. 라친스키를 염두에 둔 것일 겁니다.

이 그림을 다음의 B. 메스체리야코프가 만든 비고츠키의 '발생적 법칙' 표(2007)와 비교해 봅시다.

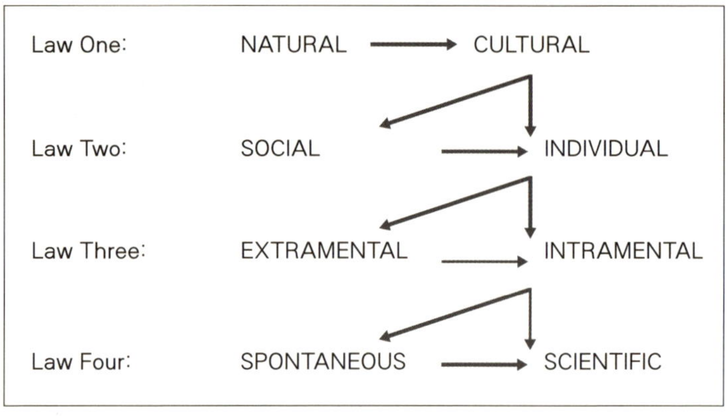

비고츠키의 네 가지 발생적 법칙(메스체리야코프, 2007)[1]

물론 보그다노프-벨스키의 그림은 첫 번째 발달 법칙, 즉 자연은 문화적 발달 과정을 위한 환경을 형성하며, 문화는 자연에 대해 명확하게 새로운 발달 형태를 나타낸다는 법칙의 결과만을 보여 줍니다. 예컨대 인간은 털가죽을 가지고 있지 않지만 자연을 이용하여 옷을 만듭니다. 동물들의 두툼한 발과 날카로운 발톱은 없지만 인간은 손으

---

1. 1법칙: 자연적 → 문화적
   2법칙: 사회적 → 개인적
   3법칙: 정신 외적 → 정신 내적
   4법칙: 일상적 → 과학적

로 신발을 만듭니다.

이 그림은 두 번째 발달 법칙에 관한 몇몇 실제 과정을 보여 줍니다. 사회-문화적 생활은 개인적 발달 과정을 위한 환경을 형성하며, 사회적 개체발생, 즉 교육은 새로운 사회적 진보 형태를 나타냅니다. 그림의 어린이들은 그들의 선생님이나 부모처럼 성장하지는 않을 것입니다. 그들은 그들 자신으로 성장합니다. 그러나 비고츠키가 말했듯이 어린이들은 다른 사람을 통해 자기 자신으로 성장하며, 그리하여 다시 다른 사람들을 변화시킬 것입니다.

그림의 제목인 '속으로 계산하기'는 비고츠키의 세 번째 발달 법칙에서 볼 때 정신 내적 매개 활동입니다. 칠판을 사용하거나 손가락으로 수를 세거나 큰 소리로 수를 세는 것과 같은 정신 외적 매개 활동은 암산과 같은 정신 내적 매개 활동을 위한 환경을 형성합니다. 이것은 우리가 『역사와 발달』 1권, 특히 5장의 마지막 부분에서 주로 다루었던 발달 형태입니다. 물론 암산은 말로 숫자 세기의 질적으로 새로운 형태입니다. 비고츠키는 자기중심적 말에 대한 피아제의 실험, '선택 반응'에 대한 티치너의 연구, 개념 형성에 내한 아흐의 연구를 재현하거나 수정하면서 이를 추적합니다.

무엇보다도 보그다노프-벨스키의 그림은 우리에게 『생각과 말』 6장에 나오는 비고츠키의 네 번째 발달 법칙을 보여 줍니다. 즉 그것은 일상적 개념이 어떻게 어린이가 고등 수학 개념을 파악할 수 있는 환경을 형성하는지 우리에게 보여 줍니다. 그림 속 칠판 위에 쓰인 문제를 볼까요?

$$10^2 + 11^2 + 12^2 + 13^2 + 14^2 / 365$$

숫자 365는 라친스키의 농촌 아이들에게는 글자 그대로 일상적 개념입니다. 1년은 365일이며 생일이나 휴일 또는 곡식을 심고 거두는 날을 이해하려면 알아야 하는 숫자입니다. 하지만 제곱 수열($10^2+11^2+12^2+13^2+14^2$)은 학교에서만 배우는 것입니다. 이 문제의 답을 구해 보면 모든 점에서 일상적 개념이며 가족이나 교육 관계 또는 자신에 대한 관계를 이루기 위해 필요한 최소한의 사람 수인 2를 얻게 됩니다.

우리가 다른 세 법칙들에서 관찰했던, 비대칭적이면서도 상호적인 관계가 여기서도 두 가지 의미로 작동하고 있습니다. 첫 번째 의미는 그림 속에서 나타나는 것으로, 네 친구들이 산에 올라 지도를 보았을 때 우리가 보았던 것입니다. 그것은 어린이가 자신의 일상적 경험을 언제 어디서나 자유롭게 이용할 수 있는 이상적이고 계층적으로 조직된 개념 체계로 변화시키는 것입니다. 일상적 개념은 이를 가능하게 하는 환경을 형성하며, 과학적 개념은 완전히 새로운 형태로 일상적 개념의 경험적 내용의 발달을 지속시킵니다.

그러나 두 번째 의미는 우리가 모든 위대한 과학적 개념의 역사에서 발견하는 것입니다. 그것이 바로 피아제가 어떤 개념이든 모종의 정직한 형태로 어떤 어린이에게도 가르치는 것이 가능한지 물었을 때 브루너가 그렇다고 솔직히 대답할 수 있는 이유입니다. 우리가 중력에 대해 이야기하든 상대성 이론에 대해 이야기하든 진정한 과학적 개념은 언제나 감각이 말하는 것(예컨대 공을 던지면 공은 언제나 저절로 떨어지며, 시간이란, 그 자체가 사건이나 관객에 의해 변하지 않는 연극 무대와 같이 고정된 불변의 틀이라는 생각)을 의심하거나 적어도 골똘히 생각하는 데서 시작합니다. 뉴턴과 갈릴레오가 근대적인 물리학 개념을 형성한 것은 중세 시대 내내 학자들이 떠받들어 온 일상적인 아리스토텔레스적 개념에 대해 의심하는 환경 속에서 가능했으며, 그들은 수학을 기반으로 한 이론과 실험에 토대를 둔 새로운 물리학을 창조하게 됩니다. 이 글을 통해 우리는 비고츠키의 발생적 법칙도 예외는 아니라는 것을 보여 주고자 합니다. 따라서 근접발달영역이라는 개념 자체도 비고츠키가 발달함에 따라 발달한다는 것을 우리는 함께 보게 될 것입니다.

한편으로 우리는 근접발달영역 개념을 사람들이 혼자 있을 때보다 협동할 때 더 많은 것을 할 수 있다는 매우 일상적인 생각 속에서 발견할 수 있습니다. 다른 한편으로 우리는 그 개념을 두 번째 법칙, 즉 문화로부터 개인으로의 발달(개체발생)의 법칙에 대한 비고츠키의 연구(비고츠키 선집 7권 『연령과 위기』, 2016) 속에서 나타난 고도로 세련된 진단적 형태로 볼 수 있습니다. 근접발달영역 개념의 가장 완결된 그러나 여전히 미완성된 형태는, 우리가 일상적 수준에서 학습과 발달 간의 관계에 관해 알고 싶은 것을 말해 줄 뿐 아니라, 발달의 다른 세 가지 형태(자연적 → 문화적, 정신 외적 → 정신 내적, 일상적 → 과학적)에 관해서도 많은 것을 말해 줍니다.

4.1 『역사와 발달』에서의 근접발달영역

다음 그림의 제목은 「학교 문 앞에서」입니다. 역시 보그다노프-벨스

키의 작품으로 『어린이 자기행동숙달의 역사
와 발달』[2] 1권의 표지 그림으로 사용되었습
니다. 『역사와 발달』 그 어디에서도 근접발달
영역이라는 용어는 나타나지 않습니다. 이 책
전체는 비고츠키가 자신의 저작에서 근접발
달영역을 언급하기 시작하기 2~3년 전에 쓰
인 듯 보입니다. 그러나 우리는 『역사와 발달』
1권 마지막 세 장(분석, 구조, 발생)에서 기능

적 분석, 관계적 구조, 발달 간의 구분이 나타남에 주목할 필요가 있
습니다. 비고츠키가 다양한 행동 형태에 관해 말한 것을 총괄한다면,
우리는 다음과 같이 나타낼 수 있습니다.

---

2. 영어권에는 '고등정신기능발달사(*The History of the Development of Higher
    Psychological Functions*)'라는 제목으로 알려져 있지만 사실 비고츠키는 그 원고의 제목을
    미처 짓지 못했습니다. 한국어 번역본 제목은 『어린이 자기행동숙달의 역사와 발달』입니다. 본
    문에서는 편의상 『역사와 발달』로 줄여 부릅니다.

『역사와 발달』 1권 5-37 글상자에서 우리는 이러한 세 가지 유형의 문화적 행동을 계단식 피라미드로 표현했습니다. 이 피라미드 형태는 이 절의 도입에서 우리가 고찰했던 발생적 법칙에 관한 세 가지 중요한 사실을 반영합니다.

첫째, 이 피라미드는 각각의 단계가 다음 단계를 위한 환경이 된다는 중요한 사실을 반영합니다. 예컨대 피라미드의 맨 아래에 놓인 무조건(유전적) 반사는 조건 반응을 위한 환경이 된다는 것입니다. 비고츠키는 다음과 같이 말합니다.

> 문화는 어떤 것도 창조하지 않는다. 즉 그것은 자연적인 자료를 인간의 목적에 부합하도록 바꿀 뿐이다. 따라서 비정상 아동의 문화적 발달의 역사가 어린이의 기본적 결함과 결핍들의 영향으로 가득 차 있는 것은 당연하다. 어린이의 자연적 자원들, 즉 고등한 문화적 행동 양식들을 도출하는 이런 기초적인 과정의 잠재성들은 불충분하고 심지어 미미하기도 하다. 따라서 그런 어린이에게 있어서 고등행동형태가 어느 정도 완전히 발달하고 출현할 가능성은 종종 닫히게 되는데 이는 나쁜 문화적인 행동 형태의 토대가 되는 재료의 빈곤에서 기인한다. (『역사와 발달』 5-68)

따라서 조건 반응에서 새로운 점은 결코 그 반응 자체가 아닙니다. 개가 고기 조각이 아니라 종소리나 불빛에 반응하여 침을 흘릴 때 그 반응은 100% 자연적으로 타고난 것입니다. 옷에 대한 인간의 반응도 마찬가지입니다. 인간의 신체가 옷에 대한 반응하는 양상은 동물이 스스로의 털가죽에 반응하는 양상과 같습니다. 사실 최초의 옷은 아마도 다른 동물의 털가죽이었을 것입니다. 이것은 집에 대해서도 마찬가지입니다. 인간이 집에 대한 보이는 반응(잠)은 곰이 동굴에 대해 보이는 반응과 동일합니다. 사실 최초의 집은 나무나 다른 재료들을 사용해서 지은, 동굴 보다 조금 나은 것이었습니다.

인간의 매개적 활동에서 특히 비범한 점은, 마르크스가 말하고 그에 앞서 헤겔이 말했듯이, 자연적 요소들을 '인공적으로' 한자리에 모아 그것들이 자연적 본성에 따라 행위하도록 만드는 데 있습니다. 심지어 그렇게 하는 것이 우리 본성 속에 들어 있다고 말할 수도 있을지 모릅니다. 우리 인간은 결국 스스로를 인식하게 된 자연의 일부이기 때문입니다.

> 헤겔이 매개 개념에서 이성의 가장 전형적인 특성을 발견하면서, 이 개념에 매우 일반적인 의미를 덧붙인 것은 타당하다. 그는 말한다. "이성은 강력한 만큼 교활하다. 그 교활함은, 그것이 사물로 하여금 그 본성을 따르게 허용하고 그것들이 소모되어 없어질 때까지 서로에게 작용하도록 하는 반면, 그 자체는 직접적으로 그 과정에 끼어들지 않음에도 불구하고 오직 그 자신의 목적을 수행하는 매개 작용에 있다고 말할 수 있다." 마르크스는 노동의 도구라는 말을 사용하면서 이 정의를 언급하는데, 이때 그는 인간이 "한 물질을 자신의 목적에 유용하게 만들기 위해 다른 물질의 기계적·물리적·화학적 특성을 사용한다(К. Маркс, Ф. Энгельс. Соч., т. 23, с.190)."고 말한다.
>
> (『역사와 발달』 2-181)

피라미드의 조건 반응으로부터 새로운 문제에 대한 지적 해결로 올라갈 때도 마찬가지입니다. 이 단계의 반응은 사실 자연에서는, 최소한 비인간적 본성에서는 발견되지 않습니다. 그러나 무조건 반사가 조건 자극의 토대를 형성했듯이, 이제 조건 반사가 지적 해결의 토대를 형성합니다.

예를 들자면, 어린이의 말은 주변 사람들이 만들어 내는 재채기, 기침, 쿵쿵거리는 소리나 한숨과 같은 자연 소리를 기반으로 하는 것이 아니라, 특정 발음, 즉 어린이의 사회적 발달 상황에 속하는 모든 사람의 조건 반응 위에 세워집니다. 이 반응은 자연에는 없는 것이지만, 새로이 발견된 어린이의 '인공적' 자연 속에는 있으며, 그런 의미에서 조건 반응 단계는 지적 반응 창조를 위한 환경을 형성한다고 할 수 있습니다.

우리가 피라미드에 표현하고자 한 고등행동형태의 두 번째 중요한 측면은 상호적이지만 비대칭적인 법칙의 영향이었습니다. 예를 들어 인간은 옷이나 집을 만들어 내기 위해 자연을 필요로 하지만, 자연은 동굴이나 털을 만들기 위해 인간을 필요로 하지 않습니다. 서울이라는 도시는 한강에 인접해 형성되었지만, 한강은 바다로 흘러가기 위해 서울이란 도시가 필요하지 않습니다. 물론 그렇다고 자연이 인간의 활동에 전혀 영향 받지 않는다고 말할 수는 없습니다. 4대강 사업을 보면 자연이 인간의 활동에 의해 어떻게 변형될 수 있는지 여실히 확인할 수 있습니다. 그러나 최종 분석에서 결국 인간은 자연에 의존하지만, 자연은 인간에 의존하지 않습니다.

우리가 다른 사람과 문화 속에서 공유하는 조건 반응으로부터 피라미드의 상층부인 주로 개인적인, 새로운 문제에 대한 지적인 해결로 이동하면 이와 동일한 상호적 비대칭성이 나타납니다. 개인적 해결과 사회적으로 공유된 조건 반사들 사이의 영향은 의심할 여지없이 상호적입니다. 한편으로는, 친숙한 문제에 대한 조건적이고, 습관적인 반응들은 그 안에서 새로운 문제에 대한 더 나은 새로운 해결 방법을 찾아낼 수 있는 환경을 창조해 내며, 다른 한편으로는, 우리가 새로운 문제에 대한 해결 방법을 찾을 때 그 반응들은 주변 사람들에 의해 조건적이고 습관적인 반응들로 변형될 수 있는 것입니다. 예컨대 라면을 처음 끓일 때에는 누구나 가급적 겉봉지의 조리법을 충실히 따르려 합니다. 그러나 곧 간단한 라면 요리법조차 수많은 변이형을 낳게 되고 그중 유독 관심을 받는 것은 짜빠구리처럼 기존 요리법과 어깨를 나란히 하게 됩니다. 또한 만일 누군가 획기적인 조리법을 발견한다면 아마 라면 조리법은 지금과 전혀 다른 모습으로 자리 잡을 것입니다. 그러나 이 상호 관계는 평등하지 않습니다. 관습과 습관은 지적인 해결에 대해 적어도 처음에는 그 반대의 경우보다 더 강한 영향을 가집니다.

비고츠키는 다음과 같이 언급합니다.

> 모든 고등정신기능은 개인의 사회적 구성을 위한 토대인 사회적 국면이 내면화된 관계이다. 그들의 구성, 발생적 구조, 행동 양식, 간단히 말해 그들의 본성 전체는 사회적이며 정신 과정으로 전이될 때도 그들은 준(準)사회적으로 남는다. 인간은 혼자 있더라도 이러한 사회적 기능들을 유지한다. (『역사와 발달』 5-62)

다른 예를 들어 봅시다. 어린이가 외국어를 배울 때, 처음에는 자신이 조건 반사로 학습한 모국어를 기반으로 하여 배우게 됩니다. 이때에도 모국어가 외국어에 의해 전혀 영향을 받지 않는다고 말할 수는 없습니다. 그러나 주로 조건 반사로 형성되는 언어의 부분들(예: 발음)은 외국어에 의해 거의 영향을 받지 않습니다. 반대로 조건 반사의 경로를 통하지 않는 어법과 글말의 의미들은 지적 해결에 의해 가장 잘 변형됩니다. 여기서 또한 그 영향은 상호적이지만, 전혀 대칭적이지 않습니다. 최종적으로 분석하면, 어린이가 외국어로 표현하는 생각은 모국어로 형성된 목소리에 지대한 영향을 받으며, 지적인 해결 역시, 주로 발달의 사회적 상황에 대한 조건 반사에 의해 고정된 형태로 실현됩니다.

마지막으로 우리가 제시한 피라미드에서 보이고자 한 고등행동형태의 세 번째 중요한 측면은 행동 유형의 범위가 좁아진다는 사실입니다. 피라미드의 아래층에는 여러 가지 기능들이 자리를 잡고 있는데 이들은 개인 간에도 차이가 많고 개인 내적으로도 기능들 간 교류가 쉬이 일어나지 않습니다. 예컨대 저는 눈이 매우 나쁜 반면 냄새에 예민한 편입니다. 이처럼 자연적 지각은 어떤 이에게는 매우 발달되어 있지만 다른 이들에게는 그렇지 않습니다. 또한 개인 내적으로 볼 때도 시력과 청력은 발달의 한 순간에는 상대적으로 탁월하지만 노년기에 접어들면 급격히 떨어집니다.

그리고 피라미드의 저층에 있는 기능들 사이에는 능력의 일반화가 일어나지 않습니다. 특별히 우수한 시력을 타고났다고 해도 이것이 반드시 청력에 도움이 되지는 않으며, 또한 기억이나 주의를 향상시킬 수 없음은 두말할 나위도 없습니다(굳이 지각들 사이의 관계를 찾는다면, 더 나은 심리기능으로 부족한 기능을 보완하려는 경향성을 들 수 있습니다. 그러나 이 경우에도 기능 보완은 부족한 기능을 더욱 약화시킬 뿐입니다). 반면 피라미드의 위층을 보면 다양한 활동에서의 지적 해결(예: 수학, 사회, 과학, 외국어와 모국어 학습)은 언어적 생각으로 환원될 수 있으며 한 영역에서의 발달은 다른 영역에 심오하고 긍정적인 영향을 미칠 가능성이 매우 높다는 것을 알 수 있습니다. 여기서는 예컨대 입말 대신 글말을 사용하는 것과 같은 보상적 행동이 약화를 초래하는 것이 아니라 둘 모두의 발달을 위한 강력한 원천이 되는 것을 보게 됩니다. 바로 이 때문에 비고츠키는 『역사와 발달』 7장에서 다음과 같은 다소 특이한 제안을 하게 되는 것입니다.

> 청각 장애인의 글말의 특이성은 지금까지 충분히 인정받지 못하고 있으며, 청각 장애인의 언어 교수-학습의 모든 과정에서 가장 파괴적인 실수는 아마도 입말을 먼저 가르치고 그다음에 글말을 가르치는 것일 것이다. 하지만 그것은 그 반대로 이루어져야 한다. 청각 장애아의 주된 말 유형, 즉 일차 상징화는 글말이 되어야 한다. 읽기와 쓰기는 이 어린이들이 말을 배워 감에 따라 전개되어야 하며, 말은 쓰인 자료를 읽는 형태로 주어져야 한다. 따라서 글말이 청각 장애아의 언어 발달의 주된 경로가 되는 것이다. 만약 우리가 청각 장애아에게 단순한 글씨 연습이 아닌 글말을 가르친다면, 우리는 이 어린이를 고등한 발달 수준으로 이끌 수 있다. 다른 사람들과의 (음성적-K) 접촉을 통해서는 결코 이 수준에 도달할 수 없으며 오직 책을 읽는 것을 통해서만 도달할 수 있다. (『역사와 발달』 7-89)

비고츠키는 『역사와 발달』 어디에서도 근접발달영역의 개념을 '협력을 통해서 독자적 문제 해결의 범위를 넘어선다'는 식의 일상적 개념 형태로 언급하고 있지 않습니다. 그러나 우리는 근접발달영역에 대한 더욱 일반적이고 과학적인 개념 공식화가 이 책 전반에서 발견됨을 볼 수 있습니다. 하나의 발달 형태로부터 질적으로 상이한 다른 형태로의 이행이 모든 장에서 예외 없이 발견되기 때문입니다.

그렇다면 비고츠키는 『역사와 발달』에서 '근접발달영역'을 이용하지 않으면서 어떻게 하나의 발달 형태에서 질적으로 다른 형태로의 이행을 기술할까요? 이에 대한 비고츠키의 대답은 사실 근접발달영역이며 그것도 협력이라는 일상적인 형태의 근접발달영역입니다. 우리가 이를 알아차리지 못한 것은 이것이 아마도 헤겔이 변증법을 처음 제시했을 때와 같이 역전된 형태로 제시되었기 때문일 것입니다. 이는 두 가지 방식으로 나타납니다.

먼저, 근접발달영역은 발달 장애의 경우에 나타나는 보상 장치로서, 일종의 반전된 사진으로 표현됩니다. 1권에서 비고츠키는 고등 행동 단계가 세 가시(본능, 관습, 지성)인지, 네 가지(본능, 관습, 지성, 자유의지)인지 결정하기를 망설입니다. 4장에서는(4-38~4-51) 매우 분명하게 네 단계 혹은 그 이상이라 주장하고 있지만, 이보다 먼저 완성된 5장에서는 세 단계라고(5-91) 주장하며, 5-94에서는 손다이크와 같이 두 단계(무조건 반응과 조건 반응)로 논의를 시작하는 것이 더 안전하다고 말합니다.

그러나 그가 장애 아동이 지닌 손상에 대해 이야기할 때, 우리는 쉽게 네 단계를 구분할 수 있습니다. 바로 신체적 손상(시각, 청각, 신경의 손상), 조건 반사의 손상(원시성, 문맹, 기초 수학 능력 결핍), 지적 손상(문해, 학습 장애), 자기 조절 능력의 부족(ADHD)입니다. 일차적인 손상은 그다음 단계에 폭포수와 같은 영향을 미치게 됩니다. 이것이 우리가 『역사와 발달』 5-74에 역피라미드를 삽입한 이유입니다. 협력은 보상의 수단으로서 아래의 각 단계에서 잘 드러납니다.

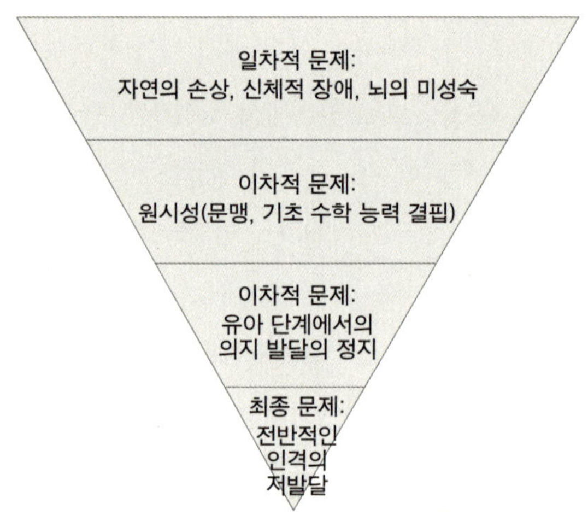

예컨대 협력은 단지 두 번째 법칙, 즉 사회적 기능들이 개인 정신적 기능들로 변화한다는 법칙에만 적용되는 것이 아닙니다. 협력은 다소 다른 형태로 첫 번째 법칙에도 똑같이 적용되어, 동물의 사회나 신자유주의의 가르침과는 달리 어린이와 노약자를 돌보는 문화적 수단을 발달시킨 인간 사회가 언제 어디서나 더욱 발전하고 번성하는 모습을 보입니다. 그렇게 함으로써 곧 모든 이들에게 수혜가 될 기술(공교육, 공공의료)을 일찍이 발달시키기 때문입니다. 대조적으로, 순수한 자연적 과정에 의존하는 사회, 예를 들어 장애인을 위한 '인공 장기'의 개발을 거부하거나 그들을 제거하려 했던 독일 나치와 같은 사회는 매우 빨리 붕괴될 것입니다. 인류 발달 노선은 긴 강과 같이 곳곳에 역류가 형성되고 굽이쳐 흐르지만 그래도 정의라는 바다를 향해 나아갑니다.

보상 수단으로서의 협력은 외적 정신기능이 내적 정신기능으로 변형된다는 세 번째 법칙에도 적용됩니다. 장애의 경우 협력이 취하는 형태는 바로 보상입니다. 다시 말해, 성숙하지 않은 내적 정신기능을 대체하기 위해 외부의 도움이나 장치를 사용하는 것은 모두 개인적, 사회적 협력의 형태입니다. 이는 한 기능이 다른 것을 대체할 수 있는 지점까지 과잉 발달이 이루어지는 '불균등하고 결합된 발달'입니다(비고츠키는 성인에게 저차적 기능이 고등 기능으로 대체 된다고 논의한 『성장과 분화』에서 이에 대해 다시 언급합니다).

보상 수단으로서의 협력이 네 번째 법칙에 가장 완벽히 적용된다는 사실은 말할 필요도 없습니다. 초등학교 교육은, 세계에 대한 순전히 상식적이고 피상적인 이해가 어린이의 생각에 초래하는 결함을 보상하려는 시도로 이해될 수 있을 것입니다.

이는 비고츠키가 『역사와 발달』 2권에서 근접발달영역을 뒤집어 제시한 두 번째 방법으로 우리를 인도합니다. 그것은 문화적 연령의 문제에 대한 장(14장)에서 비고츠키 자신이 도입한 구체적인 실험적 적용과 관련이 있습니다.

여기서 비고츠키는 청각 장애아에게 글말을 일차적 언어로 사용하도록 해야 한다는 것보다 여러 면에서 훨씬 더 유별난 제안을 합니다. 비고츠키는 다음과 같이 빼기 문제를 뒤집어 풀 것을 어린이들에게 요구합니다(아래 문제는 23-17을 나타냅니다).

?

17

23

　이 방법에 의해 학급 전체가 '장애'를 겪게 되지만 그 양상이 모두 동일한 것은 아닙니다. 이러한 유형의 뒤집힌 문제를 학급 전체에 제시하면 다음과 같은 사실을 발견하게 됩니다. 1) 일부 학생들은 다른 학생들보다 이 문제에 훨씬 더 잘 대처합니다. 2) 잘 대처하는 학생들이 반드시 똑바로 제시된 문제를 가장 잘 풀던 학생들이 아니며, 잘 대처하지 못하는 학생들이 반드시 똑바로 제시된 문제를 가장 못 풀던 학생들도 아닙니다.

　한 학급을 대상으로 이 실험을 해 보면 학생들의 똑바로 제시된 문제를 풀 때와는 등수가 달라지는 것을 보게 됩니다. 왜냐하면 어떤 학생들은 빼기 문제를 '위에 있는 수'와 '아래에 있는 수'와 같은 일상적 개념을 사용하는 고정된 절차의 집합으로 숙달하여, 이러한 절차들이 단지 조건 반사가 된 반면, 다른 학생들은 빼기 문제를 일상적 개념을 사용하는 고정된 절차로서뿐 아니라, 아래에 있는 수와 위에 있는 수 대신 '감수'와 '피감수'라는 학문적 개념의 사용을 요구하는 지적 해결 방법으로 숙달했기 때문입니다.

　처음의 체스 게임으로 돌아가 봅시다. 이 교실의 어떤 어린이들은 체스는 잘하지만 장기는 잘하지 못할 것입니다. 왜냐하면 그 어린이들은 대개 체스 게임을 왕과 여왕, 주교와 기사가 등장하는 가상 상황으로 간주하며, 고대 중국에서도 장기판 위의 장군이나 코끼리에게 같은 방식으로 작용했을 추상적 규칙들의 집합으로 받아들이지 못하기 때문입니다. 그러나 다른 어린이들에게 체스 게임은 역전된 뺄셈 문제에서와 같이 대개 추상적 규칙(즉 특정 행위들을 배제함으로써 특정 행위를 '추출해 내는' 규칙들)들의 집합입니다.『역사와 발달』표지 그림에서 어린이들이 (장기) 게임을 하고 있는 탁자 위에 놓여 있는 책들은 뺄기 문제들로 가득 찬 수학책일지도 모르겠습니다.

요약하겠습니다. 우리는 사실적 정신 발달 수준에 있어서 동일한 어린이들의 진짜 정신 발달 수준이 매우 다를 수 있다는 개념을『역사와 발달』에서 이미 볼 수 있었습니다. 또한 우리는 어린이들이 어떻게 하나의 심리적 발달 형태(고정된 절차, 조건 반사)에서 매우 다른 심리적 발달 형태(새로운 생각 방식을 요구하는 수정 가능한 지적 해결책)로 이동하는지도 볼 수 있었습니다.『역사와 발달』에서 엿보이는, 근접발달영역으로 나아갈 몇몇 핵심 개념을 정리하면 다음과 같습니다.

1. 어린이가 이미 할 수 있는 것은 어린이가 앞으로 할 수 있을 것에 대한 좋은 지표가 아니며, 어린이들이 장애물(예컨대 뒤집어진 뺄기 계산)을 만나거나 장애(시각, 청각 장애)를 가지고 있을 때 매우 다른 다음발달영역이 전면으로 나온다.

2. 학습은 반드시 우회적이고 간접적인 보상 수단을 통해 하나의 학습 양식으로부터 매우 다른 학습 양식으로 전환되어야 한다.

3. 이러한 전환은, 사회적 관계 체계의 일부였던 기능이 내적인 심

리 체계의 일부가 됨에 따라, 하나가 아니라 여러 구조적 변형
을 포함할 것이다.

그러나 우리는 또한 이러한 중요한 개념들 모두가, 주로 장애나 인위
적으로 도입된 장애물에 대한 보상이라는 부정적인 형태로, 머리가 밑
으로 향해 '뒤집어져' 태어난 것임을 알 수 있습니다. 이런 이유로 아
직은 다음과 같은 정상적 발달에 대한 개념을 포함하지 않습니다.

1. 성장과 달리(또한 학습과 달리) 모든 발달은 불균등하고 주기적
   이라는 개념. 정상 발달에는 이러한 불균등의 주기를 기반으로
   한 명확하고 다소 예측이 가능한 순서가 존재한다.
2. 이러한 예측 가능한 순서 내에는 최적 학습을 위한 '최대 시
   기'가 존재하며, 교수-학습은 매우 정확히 '다음', '근접', '최대'
   발달영역에 맞추어질 수 있다.
3. 어린이가 한 발달 양식에서 다른 발달 양식으로 전환할 때, 한
   기능이 중심이 되어 다른 기능들을 종속시키는 '역의존성'이
   존재한다.
4. 이러한 전환은 언제나 위기를 포함하며, 이 위기 자체가 발달
   수단 자체의 질적 변태의 일부이다.

다음 강에서는 2015년에 번역 출간된 비고츠키 한국어판 선집 6권
『성장과 분화』(2015)에서 나타나는 이러한 핵심적인 개념들을 다룰 것
입니다. 그러나 여기서도 그 개념들은 가장 넓은 의미에서 협동과 연

결된, 완성된 형태로 발견되지 않으며, 따라서 '근접발달영역'이라는 명칭 또한 여전히 직접 언급되지는 않습니다.

4.2 『성장과 분화』에서의 근접발달영역

앞 강에서 살펴본 『역사와 발달』은 영어권 독자들에게도 많이 알려진 저서입니다. 이 책에는 근접발달영역의 단초가 될 만한 아이디어들이 기저에 있지만 비정상적인 발달이 보상을 통해 문화적 원천에 접근할 필요성에 대해 강조하다 보니 정상적 발달 경로는 논의의 초점이 되지 않았습니다. 이러한 궁금증은 영어권 독자들에게 여전히 남아 있지만 우리에게는 더 이상 그렇지 않습니다. 2001년에야 러시아어로 출간된 비고츠키 아동학 강의 원고가 세계에서 유일하게 우리나라에서 2015년에 『성장과 분화』라는 제목으로 번역 출간되었기 때문입니다. 이번 강의에서는 비고츠키가 제안하는 아동 발달의 일반 법칙이 어떻게 우리를 근접발달영역의 진단적 사용이라는 아이디어로 이끄는지 확인해 보겠습니다.

다음의 영어 찬트를 3학년 학생들에게 가르친다고 가정해 봅시다.

Five, five, five-five, five!
It is five o'clock!"

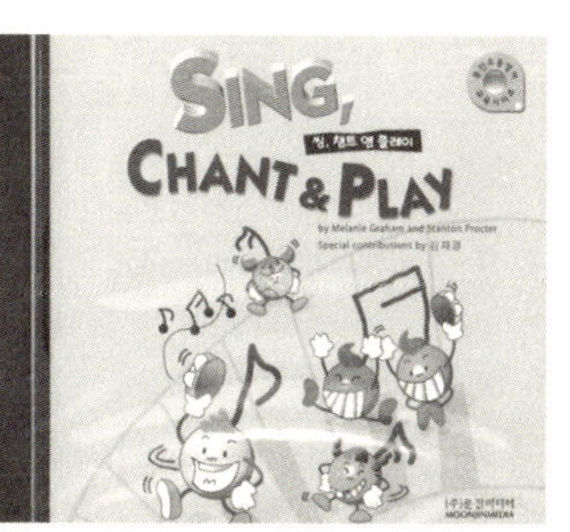

Sing, Chant and Play, 1998, by Melanie Graham and Stanton Proctor

어린이들은 잘 알아차리지 못하겠지만 이 찬트의 첫째 줄에는 낱말이 5개, 음절이 5개, "five"가 5번 나옵니다. 둘째 줄에도 음절이 5개, 낱말이 5개 나옵니다. 그런데 보다시피 박자는 이처럼 4박자일 뿐입니다.

One   two   three   four!
Five   five   five-five five!
It   is   five   o'clock!

첫 줄("One, two, three, four")은 단조롭고 지루합니다. 두 번째 줄에서 4박자와 5개 낱말 간의 불일치는 이 찬트에 다소 긴장감을 부여합니다. 어떤 박자에 두 낱말을 넣어야 할까요(five로 끝날 것인가, five-five로 끝날 것인가)? 4박자 안에 어떻게 5개 낱말이 있을 수 있을까요? 우리는 이와 같은 비슷한 흥미로운 불일치를 "대~ 한민국!" 응원 박수 "짝짝 짝 짝 짝"(4박자에 5번 박수)에서도 볼 수 있습니다. 여기에는 또한 첫 음절 "대~"를 길게 끌어서 만들어지는 긴장감이 존재합니다.

이제 아래와 같이 찬트를 시작한다고 상상해 봅시다.

O~   o~   o~   one!
It   is   one   o'clock!

다음번 어린이는 이처럼 해야 합니다.

| T~ | wo! | T~ | wo! |
| It | is | two | o'clock! |

그다음 어린이는 이렇게 해야 합니다.

| Three! | Three! | Thr~ | ee! |
| It | is | three | o'clock! |

"two"일 때는 two가 2번, "three"일 때는 three가 3번 들어갑니다. 어린이가 이 게임을 하면서 "four"와 "eight"처럼 박자와 낱말이 매우 잘 들어맞는 경우도 있겠지만, "five"와 "seven"처럼 그렇지 않은 경우도 있을 것입니다. 무엇보다도 숫자가 커질수록 이 게임은 하기가 더 어려워집니다.

이 게임을 실제 어린이들과 해 보면 상당히 흥미로운 경우가 발견됩니다. 숫자가 점점 더 커질수록("five", "six", "seven"), 낱말의 수는 점점 너 늘어날 것이고("five, five, five-five, five" 또는 "seven-seven-seven-seven, seven-seven-seven") 어린이들은 종종 손가락을 이용하여 숫자를 세고자 하는 것입니다. 이러한 방법은 초기에 "five"를 셀 때에는 매우 효과적이지만 "six"나 "seven"을 셀 때에는 효력을 잃게 됩니다. 아주 빨리 수를 세어야 하는 만큼 너무도 쉽게 숫자를 잊어버리기 때문입니다.

몇몇 어린이들은 이것을 깨닫고 손가락으로 수를 세는 대신에 숫자들을 두 무리로 나누기 시작합니다. 예를 들어 상승조로 "six-six-

six?"라고 말한 다음 하강조로 "six-six-six!"라고 말하거나, 상승조로 "seven-seven-seven-seven?"이라고 말한 다음 하강조로 "seven-seven-seven!"이라고 말합니다. 그러나 찬트 게임이 twelve에 다다르면, 심지어 이처럼 두 무리로 나누는 방법조차 잘 작동하지 않게 됩니다. 몇몇 어린이들은 12를 4로 나눔으로써 이 문제를 해결하는 것이 가능하다는 것을 깨달을지 모릅니다("twelve-twelve-twelve, twelve-twelve-twelve, twelve-twelve-twelve, twelve-twelve-twelve; it is twelve o'clock!").

이러한 어린이들로부터 우리는 문제에 대한 완전히 분석된 해결책이 어떤 것인지 잘 알 수 있게 됩니다. 그러나 모든 어린이들과 문제의 모든 단계들을 연구함으로써, 우리는 훨씬 더 중요한 것을 얻게 됩니다. 그것은 그 해결책이 어떻게 발달하는지를 이해하는 것입니다. 즉 다른 어린이를 단순히 모방하는 것에서, 다른 어린이를 지적으로 모방하는 것으로, 또한 이로부터 내면화할 수 없는 외적 수단(손가락)을 사용하는 것으로, 다시 이로부터 내면화할 수 있는 외적 수단(어조)을 사용하고, 종국에는 문제에 대한 정신적 해결책(나누기)을 구하는 과정으로 어떻게 발달하는지에 대한 발생적 이해입니다. 우리는 흔히 발달이 양적인 성장을 통해 이루어진다고 생각하는 경향이 있습니다. 말 발달은 어휘의 누적이고 수 발달은 단순 계산으로부터 복합 계산으로의 선형적이고 연속적인 이행이라고 생각하는 것입니다. 그러나 우리는 찬트와 같이 매우 단순한 행동을 재구조화하는 과정조차도 얼마나 비선형적이고 위기에 지배당하는지 깨닫게 됩니다.

여기서 찬트는 학습이 발달을 이끌게 되면 어린이가 어떤 일을 겪게 되는지 예증하는 일종의 비유로 사용될 뿐입니다. 그러나 이 예는 우리가 말하고자 하는 것을 잘 보여 줍니다. 이 예 속에는 『성장과 분화』에서 언급은 되었지만 아직 '근접발달영역'이라 명명되지 않은, 성장과 발달 간의 관계에 대한 비고츠키의 관점의 새로운 특징이라고 생각되는 네 개의 '법칙'이 모두 포함되어 있기 때문입니다. 그 네 법칙은 첫째, 불균등하고 주기적인 발달의 법칙, 둘째, 최적 학습을 위한 최대기의 법칙, 셋째, 역의존성과 지배적 기능의 법칙, 넷째, 질적 변태의 법칙입니다. 비고츠키는 이러한 일반적인 법칙을 제시한 후 이 법칙들이 심리적 발달과 신경계의 발달에서 어떻게 구체적으로 적용되는지 탐구합니다. 이 관계들은 『성장과 분화』7장에서 다음과 같은 하나의 표로 정리됩니다.

1강 발달의 일반 법칙	5강 심리적 발달	7강 신경계
a. 불균등하지만 주기적인 발달(1-6~1-18)	a. 기능의 연속적 분화 (5-24~5-26)	a. 기능의 상향 전이(불균등 발달)(7-3~7-10)
b. 불균형성, 관계 변화와 최적 발달 시기 (1-19~1-29)	b. 한 기능의 지배와 기능 간 새로운 관계를 가진 다른 체계의 창조 (5-27~5-30)	b. 하위 영역의 종속 법칙 (7-11~7-14)
c. 역의존성, 한 측면의 상승과 다른 측면의 하강 (1-30~1-33)	c. 다른 기능들을 희생하여 이루는 한 기능의 최대 발달(5-37~5-40)	c. 해방과 보완 법칙, 즉 역의존성(7-15~7-40)
d. 변태, 단순한 양적 변화가 아닌 질적 변화 (1-33~1-34)	d. 전 학령기부터, 체계 간 전환의 질적 차이 (5-41~5-48)	d. 질적 변화가 양적 변화를 가능하게 한다는 생각(7-44~7-45)

그러면 발달의 일반 법칙은 우리가 방금 살펴본 찬트의 재구조화를 어떻게 설명할 수 있을까요?

첫째, 찬트 학습은 매끄럽고 선형적이 않고 불균등하고 주기적입니다. 단순한 단순 반복의 문제가 아닌 것입니다. 찬트의 어려움은 모두 낮은 친숙도에 기인하며 이는 잦은 노출을 통해 극복된다는 설명은 성립하지 않습니다. 발달에서는 연습이 완벽함을 보장해 주지 않는 것입니다.

어째서 그럴까요? 앞에서 말했듯 빈도와 길이가 난이도나 학습 가능성을 설명해 주지 못하기 때문입니다. 이 찬트 활동은 하나의 문제(듣고 따라 하기)가 아니라 여러 가지 문제(듣고 따라 하기, 듣고 홀수 음절을 짝수 박자에 맞추기, 듣고 세기, 듣고 두 부분으로 나누기, 듣고 세 부분으로 나누기)를 포함하기 때문입니다.

그 결과 우리는 문제의 해결이 불균등하고 주기적인 과정이라는 것을 발견하게 됩니다. 어린이는 첫 번째 문제에 대한 답을 단순 반복에서 찾고 이는 한동안 어려움을 이겨내도록 해 주지만, 다음 순간 어린이가 one, two와 달리 박자에 쉽게 맞아떨어지지 않는 새로운 숫자를 만나게 되면서 이 해결책 자체가 문제로 돌변합니다. 어린이는 모방을 통해 three를, 두 개의 three와 그에 뒤 따르는 하나의 three로 나눔으로써 해결책을 찾습니다. 그러나 다시 한 번 이 불균등한 해결책은 극복해야 할 장애물이 됩니다. 비고츠키는 다음과 같이 말합니다.

일치하는 식으로 이루어져 있지 않습니다. 각각의 연대기적 시기 동안 어린이가 정해진 발달적 부분을 거쳐 가는 식으로 조직되지 않는다는 것입니다. 말하자면 1년이 지나면 어린이가 그만큼 발달하고, 그다음 해에도 그만큼 발달하고, 그다음 해도 그만큼 발달하는 식으로 계속되지 않습니다. 즉 발달의 리듬, 어린이가 발달에서 거치게 되는 단계의 순서들, 어린이가 각 단계를 거쳐 나가기 위해 필요한 기간은 시간의 리듬과 맞아떨어지지 않으며, 연대기적으로 계산된 시간과 일치하지 않는다는 것입니다. (『성장과 분화』 1-6)

둘째, 우리는 어린이가 전략을 바꿀 때, 때때로 '최대' 또는 '최적' 시기 같은 것이 존재하는 것을 볼 수 있습니다. 예를 들어 단순 반복 과업에서 최적 수는 아마도 "two"일 것입니다. 교사가 다음처럼 할 수 있기 때문입니다.

교사 Two…… (학생들에게 따라 하라는 몸짓을 합니다.)

학생 Two …… (따라 합니다.)

교사와 학생 모두 It is two o'clock!

그러나 음절을 박자에 맞추는 과업의 경우 최적 수는 "four, four, four, four"이며, 홀수 음절을 짝수 박자에 맞추는 과업의 경우 최적 수는 'five, five, five-five, five'입니다. 이러한 '최적 시기' 방법들은 모두 더 큰 수에는 도움이 되지 않을 것입니다. 'six'를 "six, six, six"와 "six, six, six"의 두 부분으로 나눈다는 생각을 어린이들이 이해하도록 하려면, 4박자 속에 들어가지 않고 정해진 시간 내에 손가락으로 음절 수를 세기에는 너무 큰 숫자가 필요합니다.

이는 물론 생리적 발달에서 일어나는 일과는 다릅니다. 즉 손가락으로 수를 세는 것으로부터 숫자를 어조(상향 억양/하향 억양) 무리로 나누는 방법으로의 발달은, 『성장과 분화』 6장에서 비고츠키가 기술한, 가슴샘과 뇌하수체가 이끄는 성장으로부터 생식샘이 이끄는 성장으로의 발달과는 다릅니다.

또한 그것은 심리적 발달에서 일어나는 일도 아닙니다. 그러나 우리는 이 글의 2.1절에서 학습 가능성과 발달 가능성의 문제에 대해 논의할 때 숫자가 작을수록 불규칙함을 보았습니다. "two", "three", "four"는 "two hundred", "three hundred", "four hundred"와 같이 매우 엄격한 변화 규칙을 따르지 않음은 물론 "twenty", "thirty", "forty"와 같이 표준적인 규칙에 따라 변화하지도 않습니다. 이러한 규칙성은 물론 각각의 수를 분할하여 각 부분에 다른 의미를 부여한다는 개념에 기반을 두며, 이러한 구조적 규칙은 two, three, four에서와 상이한 심리적 기능들이 작용하도록 합니다. 기계적 기억이었던 것이 이제는 기억과 생각의 조합이 되는 것입니다

따라서 우리의 짧은 찬트는 아마도 불규칙 동사와 명사(어린이의 주된 전략은 단순히 암기입니다)로부터, 규칙 동사(어린이는 추상적이고 창조적으로 생각할 수 있고 결국에서 그렇게 해야 합니다)로 나아갈 때 어린이가 직면하는 어려움에 관해 무언가를 알려 줄 수 있을 것입니다. 비고츠키는 다음과 같이 말합니다.

의식은 서로 지배하지 않고 평등에 기초하여 서로 연결된 일련의 민주적으로 배열된 개별 기능들로 세워진 것이 아닙니다. 심리적 발달에서 분화의 의미가 바로 여기에 있습니다. 우리는 복잡한 계층 구조, 복잡한 조직을 다루고 있습니다. 각 기능의 선택은 전체로서의 모든 의식 활동들의 변화를 의미합니다. 따라서 단지 특정 기능의 분화나 선택이 일어날 뿐 아니라, 이 선택된 기능 덕분에 그것이 나머지 모든 의식에서 선도적 위치를 점하기 시작함에 따라, 전체로서의 의식 모두는 이미 새로운 구조, 새로운 종류의 활동을 획득하는 것입니다. (『성장과 분화』 5-29)

세 번째 요점은 처음에 어린이가 앞으로 나아갈 수 있게 해 주던 전략이 곧 어린이의 발목을 잡게 된다는 것입니다. 사실 우리는 비고츠키가 '역의존성'이라 부르는 이 기초적 원리가 우리 활동의 맨 처음부터 적용된다는 것을 볼 수 있습니다. M. Graham과 S. Proctor의 베스트셀러인 『Sing, Chant, and Play』 원본 CD에서는 어린이가 단지 'Five, five, five-five, five!'만을 따라 합니다. 만약 학생들에게 같은 찬트를 바꾸어 불러 보라고 하면, 다음과 같이 부르거나,

O~   o~   o~   one!
It   is   one   o'clock!"

때로는 다음과 같이 부르기도 합니다.

One   one   one-one   one!

It   is   one   o'clock!

위에서 볼 수 있듯이 어린이는 박자는 유지한 채 낱말만 바꿉니다. 한 전략이 다른 전략을 압도하는 모습입니다. 즉 박자를 기억하는 기능이, 새로운 상황을 지각하고 낱말들의 소리가 아니라 (5에서 1로 변한) 낱말들의 의미에 토대하여 새로운 원리를 추출하는 기능을 압도하고 있는 것입니다. 그러나 낱말의 의미에 토대한 전략 또한 어린이가 기계적으로 적용하려고 할 때는 장애물이 됩니다. 네 박자로 노래를 하려고 할 때 'three'의 의미를 생각하는 것은 세 개의 'three'를 네 박자에 맞추는 것에 도움이 되지 않기 때문입니다.

이 같은 역의존성은 가르치는 과정에서 매우 흔히 나타나는 일입니다. 교사가 수업에 들어갔을 때, 당장 가장 중요한 일은 (정보를 전달하거나 이해 정도를 가늠하는 일이 아니라) 주의를 끄는 것입니다. 그러나 전적으로 교사에게 주의를 집중시키는 데 맞추어진 교수 전략은 곧 정보를 전달하는 데 방해가 될 것입니다. 왜냐하면 이제는 학생의 주의를 교사가 아니라 정보에 맞추어야 하기 때문입니다. 마찬가지로 정보 전달에만 맞추어진 전략은 이해도를 점검하는 데 도움이 되지 않을 것입니다. 이러한 세 기능들은 문법적 형태 자체도 다릅니다. 우리는 주의를 끌 때는 명령문, 정보를 전달할 때는 평서문, 이해도를 점검할 때는 의문문을 쓰는 경향이 있습니다. 물론 이 세 기능들의 혼합 비율 또한 어린이가 발달함에 따라 변화할 것입니다. 교사들은 저학년생일수록 주의를 끄는 데 보다 많은 시간을 쓰며, 고학년생의 경우 이해에 더욱 많은 시간을 쓰는 경향이 있습니다.

다시 한 번 우리는 기능들의 이러한 역의존성이 모든 발달 형태들마다 일어나는 것은 아니라는 것에 주목해야 합니다. 사실 비고츠키 자신이 신경 발달에서 나타나는 이 규칙의 예외에 주목합니다. 비고츠키가 제시하는 신경 발달의 세 번째 법칙은 간단히 말하면 고등영역과 고등계기가 약해지면 하위 영역의 역할이 재개된다는 것입니다. 예컨대 뇌의 고등 중추[3]의 형성 과정에 있는 어린이가 어떤 종류의 뇌 손상을 겪는다면, 하위 영역이 해방되어 독립적으로 작용하기 시작합니다. 어린이는 하위 중추에 의존적인 상태로 남아 있으며, 정상적 어린이라면 생각을 이용했을 과업을 단순 주의나 단기 기억을 사용하여 수행합니다. 이 법칙에 대해 비고츠키는 다음과 같이 말합니다.

> 내가 말했듯이 이 신경계 발달의 세 번째 법칙은 매우 본질적인 수정 및 부가 사항이 요구됩니다. 수정 사항은 사실 이 법칙이 오로지 뇌병변에 기인한 변화의 한 측면, 즉 초기 발달 모습과 유사성을 갖는 측면만을 반영한다는 것입니다. 그러나 현저히 대조되는 다른 측면은 초기 발달 단계에서 관찰되는 유형과 고등 영역의 파괴에 기인하는 뇌기능의 변화를 구분합니다. 법칙은 이 두 번째 측면을 분명히 밝히지 못합니다. 이런 이유로 이것은 문제에 대해 완전하지 않은 설명 따라서 부정확한 설명을 제공합니다. 이 법칙은 고등 영역의 쇠약으로 인해 하위 영역이 그 기능을 맡는다고 말합니다. 이는 마치

---

3. 기초적 생명 기능을 담당하는 피질하 영역 혹은 저차적 영역과 대비되는 부분인 대뇌피질 영역을 뜻합니다. 기능적으로는 예컨대 추상적 생각, 문법, 정규 규칙에 따라 큰 수를 형성하는 것 등과 관련이 있습니다.

전시에 상급 지휘관이 부상당하거나 사망하면 부관이 상급 지위를 취하여 모든 부분에 대한 명령권을 맡는 것과 같습니다. 그런 경우가 관찰되는 것은 사실입니다. 그러나 여기에는 규칙적으로—거의 항상—일어나는 다른 종류의 경우도 있습니다. 뇌의 어떤 부분에 병변이 생기면, 발달 과정에서 이미 어느 정도까지 그 독립성을 잃어 고등 영역을 기계적으로 직접 대체할 수 없는 하위 영역이 그 기능을 단독으로 떠맡지는 않습니다. 해당 영역의 병변의 결과로서 정상적인 방식으로는 수행될 수 없는, 기능에 대한 책임을 더 고등한 영역이 종종 떠맡습니다. (『성장과 분화』 7-22)

앞에서 우리는 더 넓고 일반적이고 학문적인 비고츠키의 발달 개념이 어떻게, 단순한 교실 내 협력 또는 아마도 더 넓게 보아 어린이가 숙제를 하는 동안 교실에서 제공된 협력 형태를 기억할 때와 같은 협력으로서 근접발달영역을 보는 '일상적 이해'와 잘 맞아떨어지는지 이해하는 데 어려움을 겪었습니다.

아마도 여기서 우리는 해답을 얻기 시작할 것입니다. 저차적 발달 수준에서 만들어졌던 전략이 무너졌을 때, 전투에서 사망하거나 부상을 입은 대령, 소령, 소위를 대신하는 장군처럼, 고등 전략의 개입이 가능해진다고 비고츠키는 말합니다. 그러나 다시 한 번 이것은 부정적인 그림이며 성인에게만 적용되는 것입니다. 이어서 비고츠키는 그와 같이 저차적 기능을 고등 기능으로 대체하는 것이 어린이들에게는 불가능하다고 강조합니다.

다시 한 번 우리는 근접발달영역이라는 개념이, 실제 발달 수준의 결함에 대한 부정적 보상이라는 문제로 뒤집어져 태어나는 것을 보게 됩니다. 그러나 어린이가 뇌 손상을 겪은 것이 아니라, 그저 고등 전략을 (내면화는 고사하고) 경험조차 할 기회가 없었던 것이라고 가정해 봅시다. 그때는 '장군'이나 어떤 다른 사람이 문자 그대로 개입하는 것, 즉 짧은 시간 동안 그 문제를 떠맡아, 적어도 어린이 자신이 고등 전략을 이어받을 때까지, 기억 대신 생각을 이용하는 것과 같은 고등 전략을 이용하여 문제를 해결해 주는 것이 가능하지 않을까요?

이렇게 해결책을 부정적이고 심지어는 비판적으로 제시하는 비고츠키의 방식에는 하나의 뚜렷한 장점이 있습니다. 이러한 종류의 부정적이고 보상적인 근접발달영역 개념은 이 짧은 논의를 통해 우리가 강조하자 하는 네 번째 요점으로 직접 인도합니다.

네 번째 요점은 이전 모든 개념들의 총괄입니다. 비고츠키의 발달 이론에 관한 설명(특히 레온티예프와 활동 이론가들의 설명)에서 그러한 총괄적 설명은 종종 생략됩니다. 그러나 우리가 보게 될 것처럼, 이 요점은 지금까지 말했던 어느 것보다 실제로 더욱 중요합니다. 비고츠키에게 있어서 전체가 다양한 부분들의 의미를 결정하는 것이지 그 반대가 아니라는 것을 우리는 알기 때문입니다.

네 번째 요점은 다음과 같습니다. 불균등하고 주기적인 발달의 속성, 어린이가 발달함에 따라 우리가 목격하게 되는 교육의 최대기와 최적기, 한 기능이 조작의 통제권을 쥐고 다른 기능들을 종속시킬 때 우리가 보게 되는 역의존성은 모두 발달의 본성 자체가 변화한 결과입니다. 이것들은 모두 발달 수단 자체의 발달에 의해 야기됩니다. 그리고 발달 수단 자체가 발달하기 때문에 이 질적 변화는 위기에 의해 안정적 성장과 구분됩니다. 발달의 위기와 변태는 아마도 비고츠키의 발달 이론을 특징짓는 엠블럼이 될 수 있을 것입니다.

예를 들어 이 짧은 찬트를 실제 게임으로 하고 있다고 상상해 봅시다. 4명씩 5~6개의 모둠별로 찬트를 부릅니다. 우선 어린이들 모두 일어나도록 합니다. 어린이들이 "one"을 2번 말하거나 "seven"을 6번 말하는 등의 실수를 하게 되면 모둠 전체가 앉아야만 합니다. 게임은 앉은 모둠을 제외한 채 계속 진행되고, 마지막까지 서 있는 최후의 모둠이 이기게 됩니다.

이렇게 하면 게임이 근본적으로 불공평해지며, 이를 알아챈 아이들은 불평을 하게 될 것입니다. "three"를 부르는 것은 "two"를 부르는 것보다 훨씬 더 어렵습니다("three"를 부르는 모둠이 "three, three-three"로 할지 "three-three, three"로 할지 상의 없이 맞추기는 사실 거의 불가능합니다). 마찬가지로 "four"를 부르는 것은 매우 쉽지만 "seven"을 부르는 것은 훨씬 어렵습니다. 게임에서 탈락한 어린이들이 앉을 때, 우리는 그 지점이 발달 속에 내재해 있는 것으로 보이는 특정한 '위기의 지점들'을 매우 정확히 표시한다는 것을 발견하게 됩니다. 이 위기의 지점들은 성장을 낳았던 상대적으로 안정된 하나의 전략이 문제의 분화와 재구조화를 포함하는 더 위험한 또 다른 전략에 의해 대체되어야만 하는 순간들입니다.

학습에서는 이러한 위기가 일어납니다. 예를 들어 양손으로 피아노 치는 것을 배우는 것은 단순히 한 손씩 치는 것을 따로따로 배우고 난 다음 두 손을 합쳐서 치는 것이 아닙니다. 그것은 지식을 단순히 더하는 것이 아니라 재구조화하는 것을 포함합니다. 다시 말해서 단순히 하나의 기능의 발달과 성장뿐 아니라, 두 손 간 기능들의 분화 및 관련 기능 체계의 창조를 포함하는 것입니다. 이와 유사하게 말 발달은 단순히 어휘의 단선적 증가가 아닙니다. 복수를 나타내는 형태소와 과거 시제의 발달 그리고 일반적인 문법 체계가 발달하는 모습은 말 발달이 비고츠키가 자신의 책에서 묘사한 바로 다음과 같은 의미를 지닌 발달임을 보여 줍니다.

> 발달의 모든 영역에서, 즉 신체 발달과 심리 발달 모두에서 성장이 일어납니다. 이에 발달이 일어납니다. 변화는 특정한 방향으로, 성장이 증가하는 방향으로 움직입니다. 그러나 성장은 발달 전체를 설명하는 데 일차적인 것도 필수적인 것도 아닙니다. 성장은 그 자체가 결과이며, 새롭고 더 효과적인, 발달하는 전체 조직의 결과로 나타나는 기능 증대입니다. (『성장과 분화』 7-44)

요약하면 그것은 끊임없는 분화의 과정으로 바로 이를 통해 성장이 가능하게 되고, 그 성장은 다시 새로이 분화를 이끌게 됩니다. 이와 같이 성장과 분화의 역동적 상호작용은 발달을 이끄는 원동력입니다. 이 때문에 비고츠키의 아동학 강의록의 한국어 번역본은 『성장과 분화』라는 제목을 얻게 되기도 했지요.

기능의 분화와 재구조화를 통해 발달을 설명하게 되면서 비고츠키역시 스스로의 근접 성장 시기로 도약할 수 있게 되었습니다. 우리는 『성장과 분화』에서 근접발달영역의 공식화를 위한 중요한 네 가지 퍼즐 조각들이 자리를 잡고 있음을 볼 수 있습니다.[4]

첫째, 발달이란 비선형적이고 불균등하며 파동과 같은 것이라는 생각입니다. 이에 따르면 발달은 정점과 저점을 지니며, 이러한 정점과 저점을 아는 것은 어린이의 다음 발달영역을 아는 데 있어 본질적으로 중요합니다. 우리는 앞서 발달의 이러한 불균등성을 찬트라는 예를 통해 살펴보았습니다. 숫자가 증가하여 문제가 재구조화되어야 함에 따라 안정된 발달은 여러 지점에서 위기를 겪게 됩니다.

둘째, 최적 학습을 위한 최대기가 존재한다는 생각입니다. 먼저, 우리가 흔히 주변에서 보듯이 문해 교육에 있어 한글을 너무 일찍 가르치는 경우가 있습니다. 예를 들어 어린이가 만화에서처럼 말이 쓰일 수 있다는 것을 이해하기 전에 한글을 배운다면, 어린이는 한글 자모의 원리를 파악하지 못하고 한글을 일련의 무의미한 소리로만 생각하게 될 것입니다. 그러나 문해를 가르치는 것이 너무 늦어지는 경우도 있습니다. 예를 들어 집에서 부모님들과의 대화를 통해서만 모국어를 이용해 왔던 한국계 미국인들은 종종 한국어로 전문용어를 유창하게 쓰거나 읽는 데에 있어서 어려움을 겪게 됩니다. 찬트의 예를 통해 우리는 기계적 반복 학습을 위한 최고 시기가 존재하며 이는 음절을 나누거나 계산함으로써 배우는 학습을 위한 최고 시기와 다르다는 것을 쉽게 상상할 수 있습니다.

셋째, 어린이가 한 발달 양식에서 다른 발달 양식으로 옮겨 갈 때, 어떤 심리기능이 담당했던 기능들이 다른 심리기능에 의해 포함 흡수되기 때문에 역의존성이 존재한다는 생각입니다. 어린이가 단순히 눈으로 봄으로써 수행된 과업이 이제는 기억에 의해서 수행되며, 더

4. 근접발달영역의 최종 형태는 미완성 마지막 책인 『연령과 위기』에서 주어집니다.

큰 아이들의 경우 기억에 의해 수행되던 과업이 이제 생각에 의해 수행되는 것입니다. 다시 한 번 찬트의 예로 돌아가면, 우리는 손가락으로 수를 세는 것이 암산과 역의존적 관계에 있음을 볼 수 있습니다.

넷째, 비고츠키는 이러한 발달 양식의 변화가 양적인 것이 아니라 질적인 것이라는 생각을 확립했습니다. 바로 그렇기 때문에 이 변화들은 안정적, 점진적이거나 단일할 수 없는 것입니다. 이 변화들은 사회 체제의 변화가 반드시 혁명을 수반하듯이 필연적으로 위기를 포함합니다. 비고츠키가 위기란 외부로부터 부과된 것이 아니라 내적으로 필연적인 것임을 이론화하기 훨씬 전에 쓰인 원고인 『어린이의 상상과 창조』에서도, 비고츠키는 유년기 내내 끊임없이 그림을 그려 왔던 어린이들이 비로소 그림을 잘 그리게 되는 바로 그 순간에 어떻게 갑자기 그림을 싫어하며 포기하게 되는지 묘사합니다. 유사하게, 어휘 학습이 유년기 내내 서서히 점진적으로 이루어지는 경향이 있는 반면, 문법은 소위 U자형 발달 곡선으로 나타나는 갑작스러운 도약을 통해 발달하는 경향이 있습니다.[5] 찬트의 예에서 우리는 어린이가 기존 문제를 재구조화해야 하는 순간이 곧 어린이가 게임에서 패배하는 순간임을 볼 수 있었습니다.

그러나 여전히 빠진 퍼즐 조각들이 존재합니다.

첫째, 우리는 적어도 말을 습득한 후에는 위기들이 대개 연대기적

---

5. U자형 발달의 흔히 알려진 예로, 어린이의 동사 시제 분석 과정이 있습니다. 어린이는 go의 과거형을 처음에 went로 습득하지만 곧 여기에 과거형 어미 활용의 일반 법칙에 적용하여 goed라는 표현을 대신 사용하게 됩니다. 물론 goed는 퇴화하고 다시 went가 정착되게 됩니다.

연령이 아니라 문화적 연령과 관련이 있다고 가정할 수 있습니다. 비고츠키는 이러한 위기들과 안정된 성장 시기들이 어린이의 연대기적 연령과 표준적으로 어떻게 연결되어 있는지 이야기한 적이 없습니다. 특히 위기가 나타나는 평균 연령은 언제일까요?

둘째, 우리는 『성장과 분화』에서 환경이 단순히 발달이 이루어지는 장소가 아니라 발달의 원천임을 알게 되었습니다. 예를 들어 우리는 안정적 성장과 위기적 성장 모두 외부로부터 부과된 것이 아니라는 것을 압니다. 발달은 문화화에 대한 어린이의 저항의 결과가 아닌 것입니다(때때로 부모들은 그렇게 생각하기도 하며, 사실 프로이트, 초기 피아제, 레온티예프와 소위 '신新비고츠키주의자'들도 모두 그렇게 생각합니다). 위기는 발달 자체 속에 내재하는 내전입니다. 이렇게 발달이 어린이의 내적 논리에 따라 일어난다면 환경이 발달에서 하는 역할은 무엇일까요?

셋째, 『성장과 분화』에서 비고츠키는 출생 초기의 미분화된 전체적 심리기능으로부터 정서적 지각과 기억이 중심적 심리기능으로서 차례로 분화한다고 기술합니다. 그러나 비고츠키는 그 이후에는 서로 경쟁하는 기능들이 많이 등장하기 때문에, 중심적 기능들의 후속 분화는 더 이상 뚜렷하거나 잘 정의될 수 없고, 지배적 기능을 보조하던 떠오르는 새로운 기능의 '배반'과 권력 찬탈과는 사실상 다른 방식으로 일어난다고 말합니다(『성장과 분화』 5-43~46). 그렇다면 후속 연령기들의 신형성은 무엇일까요?

넷째로 가장 중요한 것은, 교사들이 이미 학습 전략이 사실, 기능, 기술적 용어들에 지배당한 어린이들에게 단지 더욱더 많은 학습 내용을 제공하는 대신, 어떻게 어린이들의 발달에 참여할 수 있는가 하는 것입니다. 피아제는 이를 '미국적 질문'이라 부를지 모르지만, 비고츠키에게 그 질문은 전쟁과 기근으로 문해력이 결핍된 수백만의 어린이들을 도와야 하는 긴급한 문제였습니다. 사교육과 시험에 물든 한국의 상황에도 그 질문은 여전히 유효하며 긴급한 문제입니다.

4.3 『연령과 위기』에서의 근접발달영역

우리는 '아침 먹고 땡'을 보면서, 어린이들이 운동장에 이야기를 그릴 때 특정한 제재(모티프)를 무작위로 나란히 늘어놓다가 마지막에 이르러서야 하나의 통합된 그림이 나타나는 '이야기 그리기'를 사용함을 보았습니다. 우리는 이러한 '이야기 그리기'의 상당 부분이 캐릭터들의 물리적 움직임을 보여 주는 데 적합함을 시사했습니다. 이야기의 끝에 가서 '이야기 그리기'는 그냥 그림이 아니라 일종의 지도를 드러내 보입니다.

이런 '이야기 그리기'와 같은 지도는 비고츠키가 말한 의미적 '체험(페리지바니, переживание)'의 한 예이고, 이 의미의 경험은 학생들의 생활에 스며듭니다. 비고츠키는 7세의 위기에 대해 이야기하며 '지적 지각'의 예를 드는데, 이는 유아의 지각이 정서와 감정에 의해 채색되는 것과 같이 7세경에는 지각이 언어적 생각에 의해 채색된다는 점을 지적하는 것입니다. 비고츠키는 다음과 같이 말합니다.

> 인간의 지적 지각의 발달은 이제 막 체스를 배우지만 어떻게 두는
> 지 아직 잘 모르는 어린이가 체스 판을 보는 방식에 비할 수 있다. 체
> 스 두는 방법을 모르는 어린이는 말들을 가지고 색깔별로 나누기 등
> 을 하면서 놀 수는 있지만, 체스 말의 움직임은 구조적으로 결정되지
> 못할 것이다. 체스 두는 법을 배운 어린이는 다르게 나아갈 것이다.
> 첫 번째 어린이에 있어 검정색 나이트와 하얀색 폰은 서로 어떤 연
> 관성도 갖지 못하지만, 나이트의 움직임을 아는 두 번째 어린이는 흑
> 의 나이트의 공격이 자신의 폰을 위협한다는 것을 이해한다. 그 어린
> 이에게 있어 나이트와 폰은 하나의 단위이다. 바로 이러한 체스 판을
> 바라보는 방식의 차이는 실력 있는 선수와 실력 없는 선수를 구분하
> 게 해 준다. (1984: 378)

교실 데이터를 한번 살펴볼까요? 비고츠키는 비네와 스턴의 유명한
'그림 묘사 검사'를 재현한 적이 있는데(『역사와 발달』 11장) 다음 자료의
교사 역시 네 살 된 프랑스 남자 어린이를 주인공으로 한 '까이유'라
는 짧은 동영상을 이용하여 같은 실험을 재현합니다. 어린이들은 교사
와 함께 짧은 동영상을 보고 그것에 관해 논의했으며, 교사는 그다음
날 일부 어린이들에게는 역할극에 도움이 되는 지도[6]를 주고 메모를
쓰도록 하고, 다른 어린이들에게는 4컷 만화를 주고 말풍선과 생각풍
선을 채우도록 하였습니다. 그런 후 어린이들은 지도나 만화를 대본으
로 하여 역할극을 했습니다.

6. 여기서 지도는 말 그대로 에피소드에서 주인공의 주요 동선을 나타내는 장소들의 약도를 말합
   니다. 어린이들은 각 장소에 인물들의 행동이나 말에 해당하는 메모를 씁니다.

만화 매개 역할극		지도 매개 역할극	
에피소드	평균 대화 교차 수	에피소드	평균 대화 교차 수
까이유 아기처럼 굴다	9.0	로지, 까이유를 괴롭히다	24.3
까이유의 새로운 베이비 시터	12.6	까이유 외박하다	39.2
까이유 다치다	21.0	까이유의 공 차 넣기	34

자료 출처: 조효선 선생님

만화의 도움으로 한 역할극보다 지도의 도움으로 한 역할극에서 어린이들이 더 대화를 많이 '주고받은' 것을 볼 수 있습니다.

물론 에피소드의 내용 차이가 표에 나타난 역할극 길이(평균 대화 교차 수)의 차이를 어느 정도 설명해 줄 수 있습니다(만화 역할극과 지도 역할극 사이뿐 아니라 만화 역할극끼리와 지도 역할극끼리도 평균 대화 교차 수에 차이가 있는데 이는 만화 내용의 차이로 인한 것으로 보입니다). 그러나 만화로 매개된 역할극 중 가장 긴 것(21.0)조차도 지도로 매개된 역할극 중 가장 짧은 것(24.3)보다 더 짧습니다. 어린이들은 지도로 매개된 역할극을 할 때 더 긴 대화를 주고받는 경향을 보이는 것입니다. 이는 역할극을 생각과 말 과정으로 표현하는 능력이 발달 중인 기능이며, 단순히 시공간적 배경 속 캐릭터들의 움직임을 나타내는 능력은 이미 잘 발달된 능력임을 시사합니다.

이는 『역사와 발달』에서 거꾸로 빼기의 사용에 관한 논의, 『성장과 분화』에서 고등 기능의 대체에 관한 논의와 더불어 다음과 같은 사실

---

7 대화 교차 수(Turns)는 대화 중 화자가 바뀌는 횟수를 뜻합니다.

을 제시합니다. 즉 생각 과정과 말 과정이 있는 4컷 만화를 사용함으로써 우리는 단순히 공간을 통한 캐릭터들의 물리적 움직임을 사용할 때보다 어린이들의 다음발달영역을 좀 더 쉽게 측정할 수 있습니다.

그렇다면 어린이들의 다음발달영역은 만화에서 어떻게 진단될 수 있을까요? 다음은 금연에 대한 보건 수업을 받은 후 배운 내용을 4컷 만화로 표현한 그림입니다. 두 학생은 초등학교 3학년생으로 같은 반 친구들입니다.

a: 아니, 왜~ b: 안 돼요! 담배 피우시지 마세요! 슈슝!	a: 언제 변신했지? b: (무시) 설명해 드리죠! a: 언제 변신했냐고!
b: 인후암이란? 담배를 피우면 걸리는 병 중에 인후암이 있는데요, 인후암이란 목소리가 안 나와서 목에 목소리를 나오게 하는 후두를 제거하고 목 밖에 대신 만드는데 그걸 눌러야 목소리가 나와서 정말 불편합니다.	a: 언제 돌아왔지? a: (깜놀) b: 이제 피우지 마세요~ a: 알았어. 그리고 무시 좀 하지 마!!!

위 만화에서 소녀가 정장을 입은 일종의 전문가로 변신할 뿐만 아니라, 녹색 옷의 흡연자도 둘로 나뉘어 하나는 놀람을 나타내고('언제

변신했지?') 다른 하나는 놀람을 성찰하는('언제 변신했냐고!') 캐릭터를 나타내고 있습니다. 이것은 만화를 그린 어린이가 감정적, 정서적 과정을 말로 표현하도록 해 줍니다. 흡연자 캐릭터에게 말을 하는 소녀로부터 관객에게 연설하는 전문가로의 변신은 자연스러우며 그림으로 잘 묘사되어 있습니다. 무엇보다도 흡연자의 의식 변화를 설명해 주는 성찰의 순간이 명확히 나타나 있습니다.

이제 다음의 만화와 비교해 봅시다.

소녀: 담배 노우 엄마 엄마: 후~	소녀: 엄마, 담배를 피우면 인후암이 걸릴 수 있어요. 그러니까 피우지 마세요, 엄마.
엄마: 알았어	소녀: 여러분도 담배 피우지 마세요~

어떤 면에서 이 두 이야기는 거의 동일한 것처럼 보입니다. 강의를 받은 후 흡연자의 의식은 비흡연자의 의식으로 탈바꿈합니다. 이는 성찰된 즉 일반화되고 추상화된, 정서적으로 채색된 계기, 즉 비고츠키가 체험이라고 명명한 것을 통해 일어납니다. 세 번째 장면에서 심지

어 옷의 미세한 변화도 존재합니다(어떤 이유인지 엄마는 좀 더 긴 정장을 입고 있습니다).

그러나 캐릭터들의 내적 관점에서 이야기를 살펴보면 앞의 만화와 차이점이 눈에 띕니다. 여기서 엄마의 담배 피우는 모습을 보고도 어린이는 전혀 화가 나거나 충격을 받은 듯 보이지 않습니다. 정상적인 엄마와 딸의 관계가 이 그림에는 나타나고 있지 않은 것입니다. 결과적으로, 흡연에 대해 훈계하면서, 어린이는 엄마에게 잔소리하는 것을 마치 즐기는 듯합니다. 이야기와 대화의 전환 또한 갑작스럽고 설명이 잘 되지 않습니다. 마지막 장면에서 소녀는 독자를 향해 말하고 있지만 그 이외의 장면에서 캐릭터들은 서로서로에게 말하고 있습니다. 무엇보다도 엄마 마음의 갑작스러운 변화는 잘 설명되지 않습니다. 엄마는 사전에 인후암의 위험성에 관해 알고 있었을까요, 아니면 이 순간에 방금 깨달았을까요? 엄마가 흡연하지 않겠다고 했을 때 이는 진정한 마음의 변화일까요, 아니면 단지 잔소리하는 아이에게 져 주는 척하는 것일까요?

이상에서 살펴본 두 어린이의 그림 사이에는 간극이 존재하는 듯 보입니다. 한 경우에는 인간 동기의 내적, 정신적 측면에 초점이 분명히 맞춰져 있고, 다른 경우에서는 생각하고 느끼는 것보다는 말하는 것에 초점이 맞춰져 있습니다. 전자는 (캐릭터 간) 대화로부터 (독자를 향하는) 이야기로의 이행이 명확하고 자연스러운 반면 후자는 이 두 장르 간의 혼돈, 즉 한 장르에서 다른 장르로의 부자연스러운 이행이 존재합니다. 전자의 경우, 자기 통제로 이끄는 성찰과 사고의 분명한 계기가 있고, 후자의 경우 단순한 복종(아마도 공허한 언어)이 있을 뿐입니다.

이 둘 사이의 간극을 다음에 제시된 질문들, 『성장과 분화』에서 대답되지 않은 질문들에 비추어 고찰해 봅시다.

1. 비고츠키의 아동기 구분의 본질은 무엇인가? 특히 학령기에서 어떤 다른 국면, 단계, 시기가 발견되는가?
2. 환경은 학령기에서 발달의 (배경이 아닌) 원천의 역할을 정확히 어떻게 수행하는가?
3. 새로운 관계와 새로운 구조인 학령기의 '신형성'은 무엇인가?
4. 이들 새로운 관계와 구조의 형성에서 중심적으로 관여하는 발달의 노선은 무엇인가?

이 네 가지 질문은 비고츠키의 마지막 저작물인 『연령과 위기』에서 제기되고 답해집니다. 『연령과 위기』는 비고츠키 러시아판 선집 4권으로 이미 출간된, 비고츠키의 가족 서고에서 찾은 자료와 코로타예바의 비고츠키 아동학 강의 2를 종합한 것입니다. 가장 중요한 자료의 대부분은 『성장과 분화』와 동일한 강의 모음에서 나오기 때문에, 이 네 가지 질문은 초보자인 청중을 고려하여 아주 간단한 공식, 즉 '위기의 시기/안정된 시기'로 대답되었음을 알 수 있습니다.

예를 들어 시기 구분에 관한 첫 번째 질문에 대하여 비고츠키는 『연령과 위기』의 온전히 완성된 제1장의 끝에서 다음과 같은 시기 구분을 제공합니다.

1. 신생아의 위기

   a) 전위기적 국면   b) 위기적 국면   c) 후위기적 국면

2. 유아기(2개월~1세)

   a) 첫 번째 단계: 초기 유아기   b) 두 번째 단계: 후기 유아기

3. 1세의 위기

   a) 전위기적 국면   b) 위기적 국면   c) 후위기적 국면

4. 초기 유년기(1세~3세)

   a) 첫 번째 단계   b) 두 번째 단계

5. 3세의 위기

   a) 전위기적 국면   b) 위기적 국면   c) 후위기적 국면

6. 전 학령기(3세~7세)

   a) 첫 번째 단계: 초기 전 학령기   b) 두 번째 단계: 후기 전 학령기

7. 7세의 위기

   a) 전위기적 국면   b) 위기적 국면   c) 후위기적 국면

8. 학령기(8세~12세)

   a) 첫 번째 단계: 초기 학령기   b) 두 번째 단계: 후기 학령기

9. 13세의 위기

   a) 전위기적 국면   b) 위기적 국면   c) 후위기적 국면

10. 사춘기(14세~18세)

   a) 첫 번째 단계: 초기 사춘기   b) 두 번째 단계: 후기 사춘기

11. 17세의 위기

   a) 전위기적 국면   b) 위기적 국면   c) 후위기적 국면

각각의 위기적 시기는 위기적 국면을 기준으로 전, 후 위기 국면으로 나뉘며, 동일한 방식으로 각각의 위기적 시기의 앞과 뒤에 안정적 시기가 놓입니다. 이것을 추상적 시기 구분이라고 보아도, 여전히 풀어야 할 몇몇 문제들이 있습니다. 예를 들면 1세의 위기와 3세의 위기는 그 앞뒤에 오는 안정기 안에 포함되어 있습니다. 그리고 7세의 위기는 전 학령기에 포함되어 있지만 학령기에는 포함되어 있지 않습니다. 또한 13세의 위기는 어떤 다른 안정기에 포함되지 않은 채 그 자체로 존재하며 17세의 위기는 몹시 이상하게도 안정기인 사춘기의 한가운데에서 일어납니다. 그러나 비고츠키가 제시하고자 한 방식으로—점진적이고 안정적 성장과 혁명적인 재구조화 간의 대조로—조망한다면 이 표는 충분히 의미를 갖습니다.

여기 소개된 3학년 학생들은 학령기 초기 어디쯤(8a) 자리할 것입니다. 『연령과 위기』에는 학령기에 관한 장은 없지만 7세의 위기에 관한 장은 있습니다. 비고츠키는 다음과 같이 말합니다.

> 7세 위기의 가장 본질적인 부분은 어린이 인격의 내적 측면과 외적 측면의 분화의 시작에 있다고 일컬어질 수 있을 것입니다.
>
> (1984: 377)

위기 전의 어린이는 직접적이고 순진한 인상을 준다고 비고츠키는 말합니다. 비고츠키는 어린이 같은 직접성을 보유하고 있는 찰리 채플린의 행동을 그를 둘러싼 더 '어른 같은' 인물들의 행동과 비교합니다. 위기 후에는 어린이의 체험에 특정한 지성화가 존재하며, 모든 경험은 단지 물리적 감각과 정서적 반응의 집합이 될 뿐만 아니라 정신적 평가의 재료가 된다고 비고츠키는 말합니다. 비고츠키에 의하면, 이 지성화는 학령기 어린이로 하여금 더 어린 아이들에게서는 볼 수 없는 아무 이유 없는 우스꽝스러운 행동을 하게 합니다. 유아가 우스꽝스러운 행동을 하는 것은 종종 성인의 부추김에 대한 직접적인 반응입니다. 학령기 학생들은 성인이 부추긴다고 그런 행동을 하지 않을 뿐 아니라 오히려 그에 반항합니다.

두 4컷 만화를 살펴보면 소녀가 전문가로 '변신'한다는 생각이 한 만화에서는 상당히 의식적이며 자각적이고, 다른 만화에서는 훨씬 덜 자각적이라는 것을 알 수 있습니다. 소녀의 캐릭터가 '내적인' 전문가와 '외적인' 원래 소녀로 분화될 뿐만 아니라 남자 캐릭터는 ('외적' 흡연가와 소녀의 존중을 받기 위해 금연하는 좀 더 성찰적인 '내적' 비흡연가) 둘로 나뉘는 듯 보입니다. 그러나 그러한 분명한 분화가 두 번째 만화에서는 분명하지 않은 것 같습니다. 각각의 캐릭터는 훨씬 더 직접적이고 순진하며 심지어 채플린적입니다.

이것은 우리의 두 번째 질문인 환경이 발달에서 차지하는 위치에 대한 문제로 이끕니다. 비고츠키에 의하면 환경은 '발달의 사회적 상황'이라고 불리는 것의 일부로 나타납니다. '발달의 사회적 상황'은 동물에서와 같은 외적 환경이 아니라 어린이와 환경 간의 관계, 즉 어린이의 주관성의 반경, 객관적이면서 동시에 주관적인 어떤 것입니다. 예를 들어 유아기 어린이의 상황은 처음에는 수동적이며, 어린이는 주체라기보다는 대상에 좀 더 가깝습니다. 그러나 발달하면서 어린이는 다른 사람들을 통해 행동하는 것을 배우게 되므로 어린이의 행동반경은 점점 더 넓어집니다. 마찬가지로 초기 유년기에 어린이는 걷기 시작하고 무엇보다도 말하게 됨으로써 자신의 지평을 방대하게 확장시킵니다.

발달의 사회적 상황이 주관적이면서도 객관적이기 때문에—즉 전적으로 주관적이나 객관적이 아니라 그 둘 간의 관계이기 때문에—발달의 사회적 상황 자체가 발달합니다. 사실 비고츠키는 각각의 위기는 이전 시기에 확립된 발달의 사회적 상황의 붕괴에 의해 초래된다고 말합니다. 출생, 즉 어머니와 태아 간의 자궁 내 관계의 파괴가 가장 극명한 예이지만 1세의 위기에서도 발달의 사회적 상황 자체에서 이러한 종류의 발달을 볼 수 있습니다. 최대한 사회적인 존재이면서도 사회적 의사소통 수단이 없다는 유아기 발달의 사회적 상황을 타개하기 위해 형성된 '원시적 우리', 즉, 모방을 통해 확립된 비언어적 관계는 언어적 의사소통을 감지하기 시작하는 1세 어린이의 행동에 대한 동기로 적합하지 않습니다.

> 세 살의 어린이가 다른 사람들과의 관계를 발견하듯이, 7세의 어린이도 그렇게 자신의 고유한 체험을 발견합니다. (1984: 379)

이러한 발견을 통해, 지적 지각에 의해 매개되지 않은 어린이의 직접적이고 미분화된 반응은 적합하지 않음이 드러나 사라지며, 이는 앞서 살펴본 4컷 만화에서 우리가 목격한 새로운 종류의 발달의 사회적 상황에 의해 대체됩니다.

각각의 경우에서 어린이는 환경에서의 어떤 것에 반응하고 있습니다. 어린이들은 숨을 쉬기 위해 목에 인공 기문을 뚫어야 하는 인후암

환자의 소름 끼치는 묘사를 본 적이 있고 이러한 이유로 인후암이 이 두 만화 모두에서 언급됩니다. 그러나 한 경우에서 인후암이라는 낱말이 분석되지 않고 나타남에 주목할 필요가 있습니다.

> 엄마, 담배를 피우면 인후암이 걸릴 수 있어요.

그러나 다른 경우에 '인후암'은 분석되어 정의됩니다.

> 인후암이란 목소리가 안 나와서 목에 목소리를 나오게 하는 후두를 제거하고 목 밖에 대신 만드는데 그걸 눌러야 목소리가 나와서 정말 불편합니다.

여기에는 실제 수술에 대한 긴 묘사가 있을 뿐만 아니라 심지어 "정말 불편합니다"라는, 결과에 대한 일종의 성찰의 계기가 나타납니다. 이 두 어린이들에게 주어진, 객관적 의미에서의 학습의 사회적 상황은 동일하지만 그 환경과 어린이들이 맺는 관계는 같지 않을 것입니다. 이에 대해 비고츠키는 다음과 같이 말합니다.

> 7세의 위기에서 전 학령기 체험이 학령기 체험으로 변한다고 말하는 것은 환경적 요인과 인격적 요인의 새로운 통합이 출현하여 발달의 새로운 단계, 즉 학령기를 가능하게 한다고 말하는 것이다. 어린이가 환경과 맺는 관계가 변했다. 이것은 곧 환경 자체가 변했음을, 어린이 발달의 경로가 변했음을, 그리고 새로운 발달 시기가 시작되었음을 의미한다. (1984: 380)

이로써 우리는 세 번째 질문에 다다릅니다. "새로운 발달", 즉 출생과 유아기 이후 발생하는 새로운 관계, 새로운 형성은 무엇이며, 특히 학령기에서 발달하는 신형성은 무엇일까요? 출생과 유아기 이후의 모든 신형성은 낱말 의미의 발달과 중심적으로 관계되어 있는 것이 분명해 보입니다. 낱말 의미는 처음에는 의사소통적인 말하기에서 발달하고, 그런 다음에는 자기중심적 말에서, 그다음에는 내적 말에서, 그다음에는 『생각과 말』 5장과 6장에서 살펴본 모든 복합체적 형태와 전개념적 형태에서의 말로 하는 생각에서, 그리고 마지막으로 진개념, 단지 과학적 개념뿐만 아니라 예술적인 상상과 창조를 포함하는 일반적으로 고등한 개념들에서 발달합니다. 이러한 신형성들 간에는 '위기적 신형성' 또한 존재합니다. 유아기 말기(1세경)의 옹알이, 초기 유년기 말기(3세경)의 부정주의[8]와 같은 것들이 그것입니다. 위기적 신형성은 본질상 과도기적이며, 성장이라는 다음의 안정적 단계에서 자신의 독립성을 상실하지만 결코 완전히 사라지지는 않습니다.

7세의 위기에 관한 장에서 비고츠키는 심각하게 뇌 손상을 입어 왕따와 괴롭힘, 조롱을 당하고 종국에는 또래들에게 배척을 딩하는 한 어린이에 대해 이야기합니다. 그 어린이는 왕따와 괴롭힘, 조롱을 당하는 것을 느끼며 배척당하는 것에 대해 화를 내지만, 이 경험 중 어떤 것도 전혀 일반화시키지 못하고 열등감을 발달시키지도 못합니다. 그 경험들은 그 자신의 어떤 결핍과도 연결되지 않은 채 분리된 경험

---

8. Negativism. 부정을 위해 부정을 하는 행동을 의미합니다. 비고츠키는 3세 위기의 유아는 심지어 자신이 선호하는 제안을 받았을 때에도 이를 거절한다고 지적합니다. 유아 본인은 물론 어른들에게도 위기의 시기가 됨은 당연합니다.

으로 남아 있는 것입니다.

비고츠키는 이를 전 학령기 어린이의 자기애自己愛와 비교합니다. "전 학령기의 어린이는 자신을 좋아하지만, 다양한 상황에서 일정하게 유지되는 자신과의 일반화된 관계로서의 자기애, 자기평가 자체, 자신의 주변 사람들에 대한 일반화된 관계, 그리고 자신의 가치를 이해하는 것은 이 연령의 어린이에게는 없는 것들이다(1984: 380)." 반대로 위에서 소개된 두 만화 모두에서 비록 표면적 주제가 흡연일지라도, 어린이의 작품은 자신의 가치, 즉 환경에서 흡연자들에 대한 자신과의 관계와 중심적으로 관련되며, 이야기를 구성하는 것이 바로 이것임을 볼 수 있습니다.

발달을 구분하는 위기는 단지 부정적 특성만을 갖고 있지는 않음을 비고츠키는 강조합니다. 예를 들어 어린이 옹알이의 의미적 측면뿐만 아니라 발음과 운율적 특성은 어린이가 성인의 말을 습득해도 여전히 남아 있습니다. 같은 식으로, 부정을 사용할 수 있는 능력, 즉 의지적으로 "안 돼!"라고 말하는 능력은 3세 위기에서 무의식적이고 분별없이 남발된 "부정적 말하기"가 사라진 후에도 오랫동안 남아 있습니다. 7세 위기에 나타나는 '~인 체하기'와 '~인 척하기'에서도 역시 마찬가지입니다. 비고츠키는 다음과 같이 씁니다.

> 자기애와 자기존중과 같은 신형성은 남아 있지만 위기의 징후(체하기와 척하기)는 일시적이다. 7세의 위기에서 내적, 외적 분화가 나타나 의미적 체험이 출현하는 덕분에 체험들 간의 격렬한 갈등이 일어난다. 큰 사탕을 집을지 달콤한 사탕을 집을지 모르는 어린이는 망

마지막으로, 단순히 점점 더 많은 내용을 가르치는 것 말고 교사가
어떻게 발달에 관여할 수 있는가라는 네 번째 질문에 대하여 비고츠
키는 위기적이든 비위기적이든 모든 신형성은 단지 특정 발달 노선의
정점이며, 그 노선들의 일부는 주변적이고 다른 것들은 좀 더 중심적
이라는 개념으로 답합니다. 이들 발달의 노선은 교사로 하여금 '다음'
발달영역, 즉 '근접' 발달영역을 예측하도록 해 주며, 오직 이들 발달
의 노선만이 그렇게 할 수 있습니다.

물론, 발달의 노선 자체가 발달합니다. 유아기 발달을 이끌었던 모
방 행동은 어린이가 말을 발달시켜야만 할 때 더 이상 발달을 이끌
수 없습니다. 단지 어른을 모방함으로써 완전히 새로운 것을 말하는
방법을 배울 수는 없기 때문입니다. 그리고 기계적 반복은 발달의
주변 노선이 되며, 지적 모방에 자리를 넘겨주게 되는데, 이것이 우리
가 초기 유년기에서 보게 되는 협력의 형태입니다. 7세의 위기와 더
불어, 이 협력의 형태도 발달의 주변 노선이 됩니다. 이제 단순히 타
인과 협력한 경험이 아닌, 어린이 스스로의 주관적 경험이 의미를 갖
게 됩니다.

우리는 위의 두 만화에서 어린이가 자신의 주관적 경험과 관련 맺는 정도가 서로 다름을 볼 수 있습니다. 한 경우에서 어린이는 단지 꾸짖는 어린이로만 남아 있습니다. 다른 경우에서 어린이는 꾸짖는 어린이로부터 침착하며 확신에 찬, 지식을 갖춘 전문가로 변신했다가 다시 원래 모습으로 돌아오는 이중 변신을 합니다. 이와 동시에 우리는 이 만화 속에서 또 다른 변신을 봅니다. 바로 경멸과 무시를 당할 수 있는 흡연자로부터 자존감 있고 자신감 넘치는, 소녀에게 존중받기를 바라는 소년으로의 변신입니다.

우리가 기억해야 할 것은 상당히 다른 만화를 그린 이 두 어린이가 같은 학급에 속하며, 같은 과제를 한다는 것입니다. 한 어린이가 다른 어린이의 그림을 보고 감탄하리라는 것을 쉽게 상상할 수 있습니다 (재미있게도, 두 번째 만화에 등장한 엄마가 입은 노란색의 '초능력' 옷은 첫 번째 만화에 등장한 변신 소녀의 파란색 초능력 옷과 닮아 있습니다). 이와 같이 교사가 어떻게 발달 과정에 참여할 수 있느냐는 네 번째 질문의 대답은 우리 눈앞에 있습니다. 교사는 어린이들 속에서 발달을 발견하고 다른 어린이들이 협력적 모방을 할 수 있도록 이를 부각시켜 주어야 합니다. 그러나 그러기 위해서 우선 필요한 것은 진정한 발달 노선을 중심으로 조직된 교육과정이며, 그다음 필요한 것은 발달이 있어났을 때 그것을 진단할 수 있는 장치입니다.

교사 발표 중에 발달이 객관적인 과정이라는 표현을 하셨는데 쉽게 동의하기 어렵습니다. 그러한 '객관적'이라는 표현이 발달을 편향적으로 규정짓는 것 아닐까요?

발표자 비고츠키에게 있어 발달의 경로는 다양하지만 모두 한 방향을 향하고 있습니다. 비고츠키는 발달의 단계를 본능 → 습관 → 지성 → 자유의지로 크게 나눕니다. 자유의지를 인정하고 이를 발달의 지향점으로 삼았다는 점이 바로 비고츠키의 독특성 중 하나입니다. 바로 이 지점에서 그러나 많은 이들이 비고츠키에 반대하기도 합니다.

교사 상당히 철학적으로 들리는데요. 저는 단순히, 발달의 경로를 지나치게 좁게 설정해 두고 그 이외의 양상을 비정상으로 치부하는 것이 과연 옳은지 묻고 싶습니다. 발달이 객관적이라는 말은 특정 형태의 발달, 예컨대 고등정신기능의 발달을 성취하지 못하면 미발달된 것으로 간주하는 학자연한 태도가 숨어 있는 것 같습니다.

발표자 고등정신기능, 즉 논리적 기억과 자발적 주의, 의식적 파악은 반드시 학교 학습이라는 경로를 통해야 하는 것은 아닙니다. 그럼에도 불구하고 비고츠키는 명확히 발달을 향하는 학습은 자연적이고 저차적 정신기능을 벗어나 고등정신기능으로 나아갈 수 있도록 해야 한다고 말합니다.

교사 제가 본 책에서는 교실이라는 현실과 유리된 상황에서는 물건을 지불하고 잔돈을 계산하는 문제 해결을 하지 못하는 학생이 실제 상황에서는 훌륭히 해내는 사례를 들면서 '능력'이라는 것을 고정된 것으로, 특정한 상황에 한정시키는 것은 잘못이라고 합니다. 학교에서 나타나는 학생의 무능력은 요컨대 학교라는 사회적 상황이 만든 허상이라는 것입니다. 그에 따르면 모든 종류의 능력을 동등하게 인정해야 한다는 주장이 비고츠키의 이론과 일맥상통한다고 합니다. 그렇다면 발달은 객관적이 아니라 주관적인 것, 사람마다 다르고 상황마다 변하는 것이 아닐까요?

발표자 안타깝게도 비고츠키는 '여기 지금'의 구속에서 벗어나는 것으로부터 인간과 침팬지의 경계가 구분된다고 말합니다. 물론 비고츠키의 이론을 단순히 끝까지 밀고 나가면 문화적 상대성 이론과 정면으로 배치되는 결론에 이르게 됩니다.

교사 그러니까요. 비고츠키에 따르면 아동의 복합체적 사고는 성인의 개념적 사고로 대체되어야 하며 일상적 개념은 과학적 개념으로 대체되어야 하는 것 아닙니까? 이 말은 과학이라는 개념적 도구를 발달시킨 일부 서양 문화에 다른 문화들이 종속되어야 하며 궁극적으로는 모든 문화가 서양식으로 대체되어야 한다는 말 아닙니까? 도대체 어떻게 그런 이론을 수용할 수 있을까요?

발표자 몇 가지 오해는 바로잡을 필요가 있습니다. 먼저 복합체적 사고가 개념적 사고로 대체된다는 주장은 비고츠키가 아니라 피아제의 주장입니다. 비고츠키는 피아제를 그 점에서 신랄히 비판했지요. 비고츠키에게 발달은 새로운 것의 발생이나 기존 것의 대체가 아닌 재구조화입니다. 따라서 복합체적 사고가 풍부하면 풍부할수록 발달의 가능성은 더욱 풍요롭게 되는 것입니다. 객관성은 주관성의 결정화라고 표현하면 어떨까요? 두 번째는 서양에서만 과학적 사고가 발달되었다는 오해입니다. 대부분의 문화는 나름의 과학적 개념을 발달시켜 왔습니다. 그러나 모든 문화가 같은 자원과 역사를 공유하지는 않았으므로 같은 수준의 발달에 이르지 못한 것도 사실입니다.

교사 그 말씀은 순환론적입니다. 결국 하등한 문화와 고등한 문화가 나뉘어 있다는 말 아닙니까?

발표자 그렇습니다. 평균 기대 수명이 30세도 안 되고, 사람들은 신분과 계급, 성별과 나이, 종교와 인종, 피부색으로 차별을 받고 생명의 위협을 감수해야 하는 사회와 그렇지 않은 사회가 단지 문화적 차이에 따른 다양성이라는 개념에 따라 동등하게 다루어져야 할까요? 문

화라는 것은 결국 인류의 평화로운 공존에 기여하는 것이 그 존재의
이유가 아닐까요? 자신을 객관적으로 반성하는 능력을 가진 이와 그
렇지 않은 이가 있다면 그 둘 사이의 경계를 긋는 것이 과연 잘못일까
요? 그런 의미에서 발달이 객관적이라고 말하는 것이, 저는 잘못이라
고 생각하지 않습니다. 저는 이론가도 아니고 학자도 아닙니다. 학교에
서의 교수학습이 인격 발달에 갖는 중요성을 마음에 품고 '잘 못'하는
학생들이 '더 잘'할 수 있도록 도와줄 수 있는 방법을 고민하는 교사
일 뿐입니다.

사회자 토론의 여지가 많은 좋은 질문 감사드립니다. 시간 관계상
다음 강의로 넘어가도록 하겠습니다.

5장

정리하기:
학교 수업들 사이에 대한
발생적, 기능적, 구조적 조망

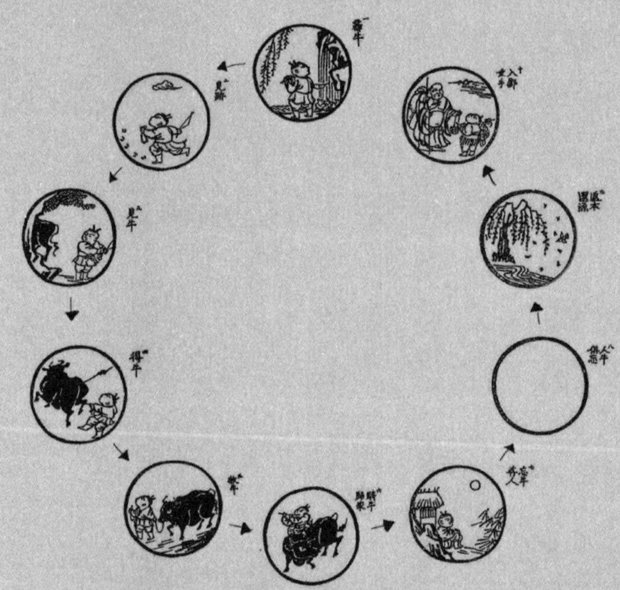

목우도는 인간이 욕심을 기르고 길들이는 발달의 단계를 보여 준다.
그러나 비고츠키에게 발달의 분석 대상은 환경과 상호작용하는 전체적 인격이었다.

이 글에서 우리는 세 가지 사뭇 다른 의미에서 즉 구조적, 기능적, 발생적 의미에서 '수업과 수업 사이'를 살펴보았습니다. 구조적 측면에서 우리는 체스와 같이 진화되어 온 정신 발달 형태와, 수업과 같이 인공적으로 고안된 정신 발달 형태의 구조적 차이를 살펴보았습니다. 기능적 측면에서 우리는 문해와 같이 복잡한 문화적 실천이 놀이, 그리기, 쓰기와 같은 기능적으로 상이한 실 가닥들을 연속적으로 엮은 하나의 발달 노선 속에 포함할 수 있는지 살펴보았습니다. 우리는 이를 이용하여 근접발달영역을 교수 장치로 이용(오늘날의 주된 사용)하는 교사와 비고츠키의 의도에 따라 진단 도구로 사용하는 교사의 기능적 차이를 고찰하였습니다. 발생적 측면에서 우리는 비고츠키 자신의 발달 모습을 살펴보고 『역사와 발달』과 발달에 대한 비고츠키의 최후 진술인 『연령과 위기』 사이의 차이점과 유사성을 검토하였습니다. 이제 강의를 마무리 지으며 이 측면들을 하나씩 다시 살펴보겠습니다.

5.1 구조적 관점: 진화된 수업과 계획된 수업 사이에

무엇보다 먼저 우리는 수업의 구조를 인공적인 발달영역으로 고찰하였습니다. 그러나 이는 인공적인 '근접' 발달영역은 아니었습니다. 굳이 말하자면 '먼' 발달영역이었지요. 학교는 반세기 넘는 한국 공교육의 역사와 한 세기가 넘는 유럽 공교육의 역사에도 불구하고 여전히 거칠게 계획된 발달의 영역으로서, 말하자면 대중교통 체계(교육과 마찬가지로 공공 체계와 사설 체계로 이루어져 있으며 이 둘이 언제나 완전한 조화를 이루고 있지 않습니다) 이상으로 효율적이지 못합니다. 학교 수업에서 우리가 어린이들에게 하고 있는 수업은 어린이의 발달 잠재력에 때로는 너무 가깝고 때로는 너무 멀리 떨어져 있습니다. 심지어 우리가 학교에서 형성하는 발달영역이 자연적인 근접발달영역과 가지는 관계는 최초의 조야하고 원시적인 비행기 날개가 수만 년간 진화를 해 온 새의 날개와 가지는 관계와 같다고 말할 수도 있을 것입니다.

수업은 어린이 발달을 지지하고 심지어 이끌기 위해 의도적으로 고안된 것입니다. 반대로 체스 게임은 어린이 발달을 돕기 위해서가 아니라 오락을 위해 고안된 것이며 자연적으로 정신 발달의 수단으로 진화한 것입니다. 그러나 체스가 자연히 진화해 왔다는 것은 곧 우연히 진화했음을 뜻합니다. 게다가 체스는 오락의 목적으로 진화했으므로 발달과 같은 전혀 다른 목적에 적합하지 않을 수 있습니다. 따라서 학교는 정확히 발달이라는 목적을 향하는, 체스의 인공적 대용물을 만들어야만 합니다.

불행히도 자연적으로 진화해 온 해결책에 대한 인간의 대체품들은 최소한 처음에는 자연적 해결책만큼 효과를 거두지 못하는 경우가 흔합니다. 결국 비행기 날개는, 비록 점차 나아지고 있기는 하지만, 새 날개만큼 효과적으로 작용하지 못하고 있는 것입니다. 학교 수업은 자연적 수업과 효과적으로 고안된 수업 사이, 즉 놀이와 게임에서 발견되는 발달에 대한 자연적 해결책과 진정으로 발달을 위해 효과적으로 고안된 수업 사이 어딘가에 있는 것으로 보입니다. 물론 학교와 게임은 상이한 기능을 가지고 있습니다. 그러나 그들은 둘 다 어린이의 정신 발달을 고취한다는 점에서 공통점을 갖습니다. 어째서 학교는 체스와 같이 정신 발달을 위한 자연적 해결책에 비해 여전히 훨씬 덜 효율적인 것일까요?

5.2 기능적 관점: 교육학적 발달영역과 아동학적 발달영역 사이에

우리는 두 가지 이유를 제시할 수 있지만, 이는 사실 동일한 것으로 하나는 교장실의 창문을 통해 그리고 다른 하나는 교실 창문을 통해 바라본 것일 뿐입니다. 하나는 권력과 정책의 기능적 관점에서, 다른 하나는 수업 계획 및 아동학의 관점에서 찾은 대답입니다.

첫 번째 이유는 현재의 고안된 발달영역들이 사회에서 가장 힘없는 계층으로부터의 정보를 충분히 포함하지 않기 때문입니다. 할러데이에 의하면, 사실상 고안된 사회발생영역인 계획 경제가 하물며 우연히 진화한 시장경제보다 효과적이지도 생산적이지 않은 것도 '아래로부터의 정보'를 종종 충분히 포함하지 않았기 때문입니다.

예를 들면 중국에서의 토지개혁은 실제로 여기에 참여했던 소작농들에게 얻은 '아래로부터의 정보'를 많이 포함하였습니다. 중국의 토지개혁은 비고츠키 생애 마지막에 스탈린이 수행했던, 수백만 명을 기아로 죽음에 이르게 한 토지개혁보다 훨씬 더 성공적이었습니다. 그러나 스탈린 개혁을 모방한 중국 '대약진 운동'의 결과는 러시아의 경우보다 처참하였습니다. 따라서 우리가 제시하려는 첫 번째 해답은 학교는 '아래로부터'의 정보, 즉 어린이 그리고 무엇보다도 발달을 실제로 관찰하고 이해하는 현직 교사들로부터의 정보를 충분히 포함하지 않았기 때문에 조야하게 설계된 발달영역이 된다는 것입니다. 한마디로, 학교는 비민주적으로 고안되었기에 정교성이 떨어지는 것입니다.

학교가 그토록 조야하게 고안된 발달영역이 되어 버린 두 번째 이유는 우리가 아직 발달에 대한 과학적 진단법을 갖고 있지 못하기 때문입니다. 발달의 다음 단계를 확인하기 위해서 어린이가 거친 마지막 단계를 보는 것으로는 충분치 않음이 드러났습니다. 발달은 어린이의 독립적인 수행 능력이 아닌 협력하는 능력에 의존하기 때문입니다. 우리는 이러한 진단 능력이 비고츠키의 '근접발달영역'의 실제 목표였음을 보여 주고자 합니다. 이것은 수업 도구가 아니라 논리적으로 교수 활동에 선행되어야 하는 것입니다.

'근접발달영역'이 단지 진단 도구일 뿐 학습의 방법이 아니라면, 왜 교사가 이에 신경을 써야 할까요? 첫 번째 교사의 주된 관심은 진단이 아니라 학생들이 어떻게 학습하느냐에 있습니다. 두 번째, 그들은 교사이지 의사가 아닙니다. 교사들의 주된 관심은 협력적 학습이지 개인적 발달이 아닙니다. 그리고 세 번째는 예컨대 생각보다 말이 먼저 발달되어야 하는지, 생각이 먼저 발달되어야 하는지는 그리 명확하지 않습니다. 심지어 의사들도 성장 결과가 동일하다면 키가 먼저 자라고 몸무게가 먼저 증가하는지 아니면 그 반대인지에 대해 크게 신경 쓰지 않습니다. 그렇다면 우리는 어째서 진단을 생략하고 교사가 실제로 가르치는 방법에 중점을 두지 않는 것일까요?

이에 대한 대답은 우리가 앞서 제시한 것과 동일합니다. 우리는 우리에게 현재 부족한, 발달에 대한 '아래로부터'의 정보를 제공해 주는 진단 도구로서 '근접발달영역'이 필요합니다. 따라서 기능적 접근을 주제로 한 강의에서는 게임과 수업 사이의, 그리고 진단적 도구와 교수 장치 사이의 활동을 하는 어린이와 교사를 보여 주는 교실 장면을 살폈습니다. 우리는 어린이들이 자신의 실제 발달 수준에 대한 많은 정보를 동원하며 교사는 학생들 개개인의 범위를 넘어서지만 그럼에도 모둠 활동으로 획득할 수 있는 정보를 제공하는 것을 볼 수 있었습니다. 이것이 이 강의의 주제가 '수업과 수업 사이'로 명명된 두 번째 의미입니다.

5.3 발생적 관점: 『역사와 발달』과 『연령과 위기』의 사이에

'수업과 수업 사이'에 대한 이러한 기능적 의미는 우리를 최종적인 발생적 의미, 즉 한 사상가로서 비고츠키 자신의 발달 그리고 비고츠키를 공부하는 학습자로서 우리의 발달과 관련되는 의미로 인도합니다. 발달의 진단으로부터 실제 학습이 일어나는 방식으로 눈길을 돌리면서 우리가 알게 되는 것은 학습이 일어나는 다양성입니다. 그리고 비고츠키가 교사들에게 어떤 실천적인 교육적 도움을 제공하는지를 살펴보면, 우리는 비고츠키가 오늘날의 교수들과는 다르게도, 매우 겸손하며 일반적으로 교사들에게 교실에서 어떻게 해야 하는지 정확히 말하는 것을 꺼려 한다는 것을 알게 됩니다. 이는 비고츠키가 단지 동일한 주제를 가르치는 데 수천 가지의 다른 방식이 존재한다고 말한다는 뜻이 아닙니다. 비고츠키가 그 모두가 옳다고 또는 모두 잘못되었다고 말하는 것도 분명 아닙니다. 그것은 한 계기에서 가르치는 데 완벽한 것이 바로 다음 계기에서는 단순히 쓸모없는 정도가 아니라 최악이 된다는 것이며, 비고츠키는 누구보다 그것을 잘 알고 있었습니다.

어린이가 혼자서는 할 수 없는 것을 타인과 함께할 때는 쉽게 할 수 있다는 것을 발견했듯이, 우리 또한 어린이가 수업을 시작할 때는 할 수 없었던 것을 수업이 끝날 때는 쉽게 하게 된다는 것을 발견합니다. 비고츠키가 말하는 것은 오직 첫 번째 종류의 변화, 즉 어린이가 혼자서 할 수 있는 것과 협력을 통해 할 수 있는 것 사이의 변화만이 우리에게 발달에 관한 정보를 알려 줄 것이라는 것입니다. 후자의 변화는 실제로 학습에 대한 측정일 뿐입니다. 그리고 첫 번째 종류의 변화조차 어린이 앞에 제시된 과업이 실제로 다음 발달 시기에 속하는 과업임이 확실할 때에만 발달에 대해 알려 줄 것입니다. 이는 진단 장치만으로는 사실 충분하지 못하다는 것을 의미합니다. 진단 장치를 이용하려면 어떤 의미에서의 진단 일정표, 즉 정상적 어린이 발달 과정에서 무엇이 언제 발달하는지에 관한 예측이 필요할 것입니다.

그러한 시기 구분은 단지 고정된 순서로 발달하는 특정 활동(주의 공유 → 말 → 놀이 → 학교 공부 →생각)의 문제나, 고정된 순서로 발달하는 특정 기능(지각 → 주의 → 기억 → 판단)의 문제가 아닙니다. 발달을 야기하는 것은 한 가닥의 실이 아니라 중심적 발달 노선과 주변적 발달 노선이 함께 엮인 전체 직물, 즉 전체 조직입니다. 발달하는 것은 단일한 기능들이 아니라 신형성이라 불리는 전체 기능들의 체계들인 것입니다. 그리고 그것은 이 글의 제목이 '수업과 수업 사이'인 마지막 의미로 우리를 인도합니다. 이 글은 『역사와 발달』과 다음에 나올 책인 『연령과 위기』 사이의 어딘가에 속합니다.

'수업과 수업 사이'의 이러한 세 가지 의미들이 오늘 우리가 말하고자 한 것들입니다. 첫째는 하나의 종으로서 인간이, 발달 문제에 대한 자연적 해결책과 계획된 해결책 사이에 존재한다는 것입니다. 둘째는 협력자로서 교사와 학생들이 수업과 게임 사이에 존재한다는 의미입니다. 셋째로 가장 중요한 것은 21세기 한국 교사로서 우리 자신이 비고츠키의 위대하지만 덜 구체화된 『역사와 발달』과 잘 구체화되었으나 미완성된 어린이 발달 '일정표' 사이의 어딘가에 위치한다는 것입니다.

이제 우리는 비고츠키 선집 7권 『연령과 위기』(2016)의 표지 그림을 살펴보면서 이 글을 마치고자 합니다.

그림의 어린이들은 신의 현현神顯 축제를 기념하고 있습니다. 이 축제는 러시아에서 빛과 등燈의 축제로서 예수의 세례와 가나의 결

혼식에서 물을 포도주로 변화시킨 예수의 첫 번째 기적을 기리는 축제입니다.

러시아에서 세례는 연령에 맞추어 이루어집니다. 모든 어린이는 대체로 똑같은 시기에 세례를 받습니다. 마찬가지로 어린이 삶의 첫 위기인 출생의 위기도 어린이의 연령과 고정된 관계를 갖습니다. 그러나 후속 발달과 연령의 관계는 그렇게 쉽게 고정되지 않으며, 그것이 이 책이 필요한 이유이기도 합니다.

어린이의 첫 기적은 연령에 맞추어 일어나지 않지만, 연령과 전혀 아무런 관계가 없다고 말할 수도 없습니다. 그 첫 기적은 물을 포도주로 바꾸는 것이 아니라, 무의미한 소리의 흐름을 의미로 바꾸는 것 즉 말의 출현입니다. 그리고 어린이의 인격으로서 어린이 내부에서 현현하게 되는 것이 바로 이 낱말입니다.

참고 문헌

Bruner, J.(1960), *The Process of Education*. Cambridge, MA: Harvard University Press.

Chomsky, N.(1993), *Language and Thought*, Wakefield, RI and London: Moyer Bell.

Kellogg, D.(2014), Does the 'Young Learner' exist? A systemic functional investigation of mood and make believe in the speech of Korean children and their teachers, *Linguistics and Education* 27: 1–13.

Piaget, J.(1929/1951), *The Child's Conception of the World*, Lanham, MD: Littlefield Adams.

Piaget, J.(1971), *Biology and Knowledge*, Chicago: University of Chicago Press.

Pinker, S.(1994), *The Language Instinct*, New York: William Morrow.

비고츠기, L. S.(2011), 『생각과 말』, 서울: 살림터.

비고츠키, L. S.(2012), 『도구와 기호』, 서울: 살림터.

비고츠키, L. S.(2013), 『역사와 발달 I』, 서울: 살림터.

비고츠키, L. S.(2014a), 『역사와 발달 II』, 서울: 살림터.

비고츠키, L.S.(2014b), 『상상과 창조』, 서울: 살림터.

비고츠키, L. S.(2015), 『성장과 분화』, 서울: 살림터.

Выготский, Л. С.(1934/2005), *Мышление и речь*, Москва: Соцэкгиз.

Выготский, Л. С.(1930/1991), *Воображение и творчество в детском возрасте*, М.: Просвещение.

Выготский, Л. С.(1983), *Собрание сочинений* Т. 3, Москва: Педагогика.

Выготский, Л. С.(1984), *Собрание сочинений* Т. 4, Москва: Педагогика.

사회자 긴 강의를 끝까지 열심히 들어주신 선생님들께 감사드립니다. 마무리 짓기 전에 질의응답 시간을 갖도록 하겠습니다.

교사 1 안녕하세요? 켈로그 교수님께 여쭤 보고자 합니다. 저는 고등학교 교사입니다. 교수님도 교실 붕괴라든지 교실에서 수업 중 잠을 자는 학생들에게 대해 들어 보셨으리라 생각합니다.

켈로그 교수 교실에서 잠을 잔다는 것은 밤잠이 부족하다는 의미가 아닐까요? 방과 후에 학원을 비롯한 여러 가지 활동으로 낮 시간에 학업에 집중하지 못하는 것이겠지요?

교사 1 그렇습니다. 공교육이 거의 붕괴 직전의 상황입니다. 비고츠키는 이 상황에 대해 뭐라고 이야기할까요?

켈로그 교수 물론 비고츠키는 그러한 상황에 대해 전혀 언급한 바 없습니다. 소련에서는 사교육이라는 말 자체가 없기도 했고요. 그러나 사교육은-일반적으로 시장 경제는-문제 해결을 위한 자연적 해결책입니다. 사회적 진보인 교육을 자연적 진화 과정, 즉 적자생존의 법칙에 맞추어 조직하려는 시도라고도 말할 수 있겠습니다.

교사 2 사교육은 시장이 교육을 지배하는 시스템인데 어째서 공교육이 그토록 사교육으로 인해 고전해야 하는지 교사의 입장에서 화가 납니다.

켈로그 교수 글쎄요. 자연적 선택의 과정을 살펴보면 적자생존의 법칙으로 가장 성공적으로 생존하는 종은 병균, 기생충과 같이 인간에게 해로운 것들입니다. 사교육에서도 역시 초점은 발달과는 크게 상관없는 학습의 측면에만 맞추어져 있습니다. 결국 발달이 아닌 학습에서 우리는 시험과 관련된 단기간의 성과를 얻을 수 있기 때문입니다. 그리고 사교육은 언제나 학생들이 혼자서 할 수 있는 것에 초점을 맞춥니다. 궁극적으로 학생들이 잠을 못 자고 학교에서 공부도 하지 못한 채 학원을 다니게 되는 것은 우리 사회의 경쟁주의와 개인주의라는 토양이 선택한 결과이지 선생님들 잘못이 아닙니다.

교사 3 저는 초등학교에서 가르치고 있습니다. 교수님 말씀을 들으니 『성장과 분화』에서 언급된 진짜 영재와 가짜 영재의 구분이 상기되는군요. 비고츠키는 이를 급속 발달을 겪는 신동과 진정한 영재라는 표현으로 구분하죠. 그 둘의 차이는 하나는 또래 수준보다 더 많이 (그러나 얕게) 아는 것이고 다른 하나는 또래 수준보다 더 깊이 이해하는 것이었는데, 우리는 학원의 선행 학습을 통해 신동을 만들려는 노력을 하면서 아이들이 가지고 있는 진짜 발달 가능성을 소진시키고 있는 것이 아닌가 하는 생각이 듭니다.

교사 4 그렇습니다. 모두들 사교육의 폐해에 대해 이야기하지만 결국 사교육을 먹여 살리는 것은 교육과 어린이 발달에 대해 무관심했던 우리 당사자들이 아닌가 하는 생각이 드네요. 우리 사회가 크게 각성해야 할 것 같습니다.

교사 2 하지만 사회가 바뀌기를 기대하면서 남 탓만 할 수는 없지 않을까요? 교사로서 저희가 할 수 있는 일은 어떤 것이 있을까요? 저는 초등학교에서 영어를 가르치고 있습니다. 그러나 학교 안에서 시작하여 학교 안에서 끝나는 영어 수업은 우리나라의 사회-문화적 상황 속에서 학생들의 삶과 연결된 경험을 제공해 주지 못하고 있습니다. 오히려 제대로 된 영어 발음을 실생활에서 사용하면 이상한 사람으로 비추어지기도 합니다. 우리 영어 교육은 소수의 학생들을 제외하면 대다수 학생들의 발달을 이끌지 못하고 부담만 가중시키는 것 같습니다. 비고츠키의 이론에 어울리게 외국어를 어린이의 발달을 촉진하는 방향으로 가르치는 것이 어떻게 가능할까요?

켈로그 교수 제 생각에 외국어 학습의 단기적 목적과 장기적 목적을 구분하는 것이 유용하리라 생각됩니다. 즉, 시험 점수를 잘 얻기 위한 외국어 학습과, 언어가 무엇인지 그리고 그것이 다른 학습들에 어떻게 스며드는지를 이해하기 위한 외국어 학습이 그것입니다.

교사 2　그러나 외국어 학습 이론에 따르면 외국어 학습은 '최적의 시기'가 존재하기 때문에 어릴 때 학습할수록 잘 배운다고 하는데요? 그렇다면 학교에서의 학습도 더 일찍 시작하고 시수도 늘릴 뿐 아니라 일찍부터 학생들을 학원에 보내서 더 많은 입력을 받도록 하는 것이 가장 좋은 방법 아닐까요?

켈로그 교수　반드시 그렇지는 않습니다. 조기 언어 습득의 이점은 발음과 빠른 어휘 습득입니다. 그러나 그것은 자연적으로 고안된 학습 영역에서 일어나는 일입니다. 어린이들은 빨리 습득하는 만큼 빨리 잊기 때문에 지속적인 사용이 일어나지 않는다면 시험이 끝나는 대로 곧 학습한 것을 잊게 됩니다.

교사 2　바로 그렇게 영어는 학생들의 삶과 연결되지 않습니다. 발음도 교실에서 요구되는 것과 일상생활에서 요구되는 것이 다르고요.

켈로그 교수　다른 것이 당연합니다. 그리고 우리는 그 당연한 사실을 받아들일 필요가 있습니다. 우리나라에서 배우는 영어는 외국어로서의 영어이며 우리나라 학생들은 미국 유아가 아니라는 사실을 말이죠. 한국 사람이 한국식 영어 발음을 하는 것은 인도 사람이 인도식 영어를, 말레이시아와 싱가포르 사람들이 각 나라에 고유한 영어 발음을 하는 것과 마찬가지로 자연스러운 현상입니다. 한 가지 더 당연하게 받아들여야 할 사실은 우리나라에서의 영어는 교과의 하나로서 학생들의 발달에 기여해야 하는 일반 교과라는 사실입니다. 영어를 배우는 이유는 시험에 통과하거나 일자리를 얻거나 해외에 나가는 것이 되어서는 안 됩니다. 심지어는 외국인에게 길 안내를 하거나 물건을 파는 '의사소통 기능' 역시 학교 외국어 교육의 목표가 되어서도 안 됩니다.

교사 2 교수님, 우리나라는 물론 세계 영어 교육에 있어서 가장 중심적인 흐름이 CLT, 즉 의사소통 기능 중심 교수법인데요?

켈로그 교수 비고츠키는 이미 의사소통 중심 교수법이 정식으로 등장하기 50년 전에 언어 학습을 단순 연합으로 혹은 환경적 배경과 언어적 전경으로 이루어진 전체로 이해하려는 시도에 대해 정면으로 맞섰습니다. 비고츠키는 외국어 학습은 자동화되어 버린 기호와 의미 사이의 관계를 비자동화함으로써 우리의 모국어가 결국 수많은 다른 방식의 기호-의미 연결의 방식 중 하나라는 사실을 깨닫게 해 준다는 점을 지적합니다. 비고츠키에게 외국어는 우리가 모국어를 완전히 숙달할 수 있게 해 주는 위대한 길입니다. 마치 물고기가 물 밖으로 나옴으로써만 자신이 물 안에 있었다는 사실을 깨닫게 되듯이 말입니다.

교사 2 어린이가 모국어 밖으로 나옴으로써 얻게 되는 발달적 메리트가 무엇일까요?

켈로그 교수　외국어는 일반화와 추상화의 새로운 길을 열어 줍니다. 예를 들어 볼까요? 한국어로 우리는 '나는 사과를 좋아한다.'고 말하지요? 우리가 개념을 표현하는 방식은 추상화입니다. 관념화된 하나의 사과를 상정하는 것입니다. 반면 영어로는 'I like apples.'라고 표현합니다. '사과들'을 좋아하는 것이지요. 영어는 일반화를 통해, 즉 많은 사과를 모음으로써 개념을 표현할 수 있습니다. 또한 영어는 관사 체계가 정교화되어 있습니다. 일반적 개념에서 특정한 사례로, 특정한 사례에서 고유한 개체로 이동하면서 관사 'a'는 'the'로 바뀝니다. 영어로 대상을 생각하는 방식은 말 그대로 하나부터 열까지 다른 셈입니다.

교사 2　하지만 사실, 어린이들은 관사나 복수, 단수 사용법을 잘 모릅니다. 초등학생뿐 아니라 중·고등학생 심지어 저도 관사 사용법을 숙달했다고 말하기는 어렵고요.

켈로그 교수　왜 그럴까요? 그러한 점에 학습 활동의 초점이 맞추어져 있지 않았기 때문입니다. 영어와 한국어 어휘의 1:1 대응에 초점을 맞추는 의사소통 중심 교수법의 문제점 중 하나입니다. 이는 또 다른 문제로 우리를 인도합니다. 비고츠키가 개념 형성, 특히 과학적 개념과 같은 진개념, 학문적 개념이 학령기 어린이의 다음발달영역이라고 말한 것을 기억하실 것입니다. 그러나 일부 어린이들에게는 이것이 근접발달영역이 아니라 여전히 원거리 발달영역입니다. 일상적 개념과 학문적 개념 사이의 괴리가 너무나 큰 것이지요.

교사 2 하지만 특히 외국어의 경우가 그렇지 않을까요?

켈로그 교수 물론 외국어라는 것이 모국어의 의미를 복잡하고 이상하게 표현하는 방법이라고만 생각한다면 그럴 수 있습니다. 그러나 외국어도 다른 누군가의 모국어라고 생각하면 어떨까요? 외국어의 낱말 의미는 일상적 개념과 과학적 개념을 이어 주는 완벽한 교량의 역할을 할 수 있을 것입니다. 한편으로는 지구 저편 누군가의 일상적 개념이면서도 다른 한편으로는 학교에서 배우는 과학적 개념이니까요. 게다가 외국어 낱말의 의미라는 것이 존재한다는 사실이 어떤 상위 개념, 즉 모국어와 외국어가 공통적으로 그러나 다른 방식으로 표현하고 있는 어떤 개념을 상정하도록 합니다.

교사 2 교수님 말씀은 매우 획기적으로 들립니다.

켈로그 교수 그렇지요? 이는 제 의견이라기보다는 비고츠키의 견해입니다. 외국어가 모국어 의미의 상위 개념을 상정하도록 했듯 비고츠키는 다양한 심리학을 아우르는 상위 심리학을 창조하고자 노력했습니다. 그 하위 분파인 비고츠키의 아동학은 우리에게 교육에 대한 진정한 과학적 개념을 제공합니다.

사회자 열띤 질의응답 감사합니다. 시간 관계상 여기까지 진행하도록 하겠습니다. 참여해 주신 선생님들 그리고 특히 데이비드 켈로그 교수님께 깊은 감사를 드립니다.

비고츠키 연구회 http://cafe.daum.net/vygotskyans

교육의 본질을 고민하고 진정한 교육적 혁신을 위해 비고츠키를 공부하는 교사들의 모임. 비고츠키 원전을 번역하고 현장 연구를 통한 논문을 지속적으로 발표해 오고 있다. 사회문화이론의 전통을 계승한 발생적 비교연구법과 기능적 언어분석법을 이용한 현장 연구를 지속적으로 수행하고 있다. 비고츠키 이론에 관심이 있거나 혼자 공부하는 데 어려움을 느끼는 독자라면 누구나 함께 할 수 있다.

권민숙

현재 서울 오류남초등학교 교사로 청주교육대학교 졸업 후 서울교육대학교 교육대학원에서 데이비드 켈로그 교수님의 첫 제자로 교육학 석사학위를 받았으며, 켈로그 교수님과 함께 국제 학술지(The Canadian Modern Language Review, 2005)에 논문을 게재하였습니다. 비고츠키의 아이디어를 접목한 다년간의 현장 연구로 서울시교육청 주최의 여러 연구대회 및 공모전에서 수차례 입상한 바 있습니다. 2014년 3월 뒤늦게 비고츠키 연구회에 합류하여 학문적 열정과 헌신, 지적 탐구의 명철함으로 무장한 연구회의 교수님과 동료 선생님들과의 교류를 통해 오늘도 부지런히 비고츠키 탐구에 관한 앎의 지평을 넓혀 가고 있습니다.

김여선

서울 인수초등학교 교사로 부산교육대학교를 졸업하고 한국외국어대학교에서 TESOL 석사학위를 받았습니다. 영어 수업에서 소외된 아이들 지도에 관한 논문 완성 중 D. 켈로그 교수님을 만나 모든 아이들이 행복하고 즐거울 수 있는 영어 수업을 꿈꾸며 비고츠키 공부를 함께하게 되었습니다. 가르치기가 두려워질 때 비고츠키를 만나 이제 가르칠 수 있는 용기, 나 자신에게로의 용기를 얻어 희망을 이야기할 수 있게 되었습니다.

김용호

서울교육대학교와 한국교원대학교에서 공부했습니다. 현재 서울 녹번초등학교에서 어린이들을 가르치고 있습니다. 켈로그 교수님과 함께 외국어 학습과 어린이 발달 일반의 관계를 공부해 왔습니다.

데이비드 켈로그 David Kellogg

부산교육대학교, 서울교육대학교, 한국외국어대학교 영어교육과 교수를 역임했습니다. 현재 호주 맥쿼리 대학에서 연구 중입니다. 『생각과 말』, 『도구와 기호』, 『상상과 창조』, 『어린이 자기행동숙달의 역사와 발달』 공동 번역 작업에 참여하였습니다. Applied Linguistics, Modern Language Journal, Language Teaching Research 등의 해외 유수 학술지에 지속적으로 논문을 게재해 오고 있습니다. 비고츠키 연구의 권위자로 인정받고 있습니다.

이두표

서울에 있는 천왕중학교 과학 교사로 서울대학교 물리교육과와 대학원 과학교육과를 졸업하였습니다. 2010년 여름 비고츠키를 처음 만난 후 그 매력에 푹 빠져 꾸준히 비고츠키를 공부하고 있습니다.

이미영

서울교육대학교를 졸업하고 서울 광남초등학교 교사로 근무하고 있으며 서울교육대학교 대학원에서 초등영어교육에 대해 공부하고 있습니다. 교실 수업에서도 기술과 흐름에 편승해 가는 모습에 염증을 느끼던 중 켈로그 교수님을 통해 어린이들에게 생각과 말이 가지는 무한한 힘과 가능성을 보여 준 비고츠키를 접하게 되었습니다. 함께 작업한 선생님들과 함께 더디지만 한걸음 한걸음 즐겁게 비고츠키를 향해 나아가고 있습니다.

최영미

춘천교육대학교를 졸업하고 현재 성남 복정초등학교에서 근무하고 있습니다. 서울교육대학교 대학원 영어교육과 재학 중 D. 켈로그 교수님을 만나 제가 속한 작지만 커다란 세상을 바라보는 새로운 눈을 갖게 되기를 소망하게 되었습니다. 그 바람을 이루기 위해 든든한 길동무와도 같은 선생님들과 『도구와 기호』를 함께 번역하였으며, 지금도 부족한 공부를 계속하고 있습니다.

*비고츠키 연구회와 함께 공부하고 싶으신 분들은 iron_lung@hanmail.net으로 문의해 주시기 바랍니다.

삶의 행복을 꿈꾸는 교육은 어디에서 오는가?

미래 100년을 향한 새로운 교육

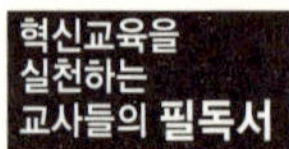

▶ 교육혁명을 앞당기는 배움책 이야기
혁신교육의 철학과 잉걸진 미래를 만나다!

핀란드 교육혁명
한국교육연구네트워크 총서 01 | 320쪽 | 값 15,000원

일제고사를 넘어서
한국교육연구네트워크 총서 02 | 284쪽 | 값 13,000원

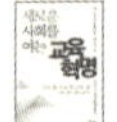
새로운 사회를 여는 교육혁명
한국교육연구네트워크 총서 03 | 380쪽 | 값 17,000원

교장제도 혁명
한국교육연구네트워크 총서 04 | 268쪽 | 값 14,000원

새로운 사회를 여는 교육자치 혁명
한국교육연구네트워크 총서 05 | 312쪽 | 값 15,000원

혁신학교에 대한 교육학적 성찰
한국교육연구네트워크 총서 06 | 308쪽 | 값 15,000원

혁신학교
성열관·이순철 지음 | 224쪽 | 값 12,000원

행복한 혁신학교 만들기
초등교육과정연구모임 지음 | 264쪽 | 값 13,000원

서울형 혁신학교 이야기
이부영 지음 | 320쪽 | 값 15,000원

혁신교육, 철학을 만나다
브렌트 데이비스·데니스 수마라 지음
현인철·서용선 옮김 | 304쪽 | 값 15,000원

혁신교육 존 듀이에게 묻다
서용선 지음 | 292쪽 | 값 14,000원

다시 읽는 조선 교육사
이만규 지음 | 750쪽 | 값 33,000원

프레이리와 교육
한국교육연구네트워크 번역 총서 01
존 엘리아스 지음 | 한국교육연구네트워크 옮김
276쪽 | 값 14,000원

교육은 사회를 바꿀 수 있을까?
한국교육연구네트워크 번역 총서 02
마이클 애플 지음 | 강희룡·김선우·박원순·이형빈 옮김
352쪽 | 값 16,000원

**비판적 페다고지는
세상을 변화시킬 수 있는가?**
한국교육연구네트워크 번역 총서 03
Seewha Cho 지음 | 심성보·조시화 옮김 | 280쪽 | 값 14,000원

마이클 애플의 민주학교
한국교육연구네트워크 번역 총서 04
마이클 애플·제임스 빈 엮음 | 강희룡 옮김 | 276쪽 | 값 14,000원

미래교육의 열쇠, 창의적 문화교육
심광현·노명우·강정석 지음 | 368쪽 | 값 16,000원

대한민국 교사, 어떻게 가르칠 것인가?
윤성관 지음 | 320쪽 | 값 15,000원

아이들을 어떻게 가르칠 것인가
사토 마나부 지음 | 박찬영 옮김 | 232쪽 | 값 13,000원

아이들의 배움은 어떻게 깊어지는가
이시이 준지 지음 | 방지현·이창희 옮김 | 200쪽 | 값 11,000원

모두를 위한 국제이해교육
한국국제이해교육학회 지음 | 364쪽 | 값 16,000원
2015 세종도서 학술부문

경쟁을 넘어 발달 교육으로
현광일 지음 | 288쪽 | 값 14,000원

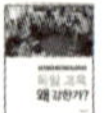
독일 교육, 왜 강한가?
박성희 지음 | 324쪽 | 값 15,000원

대한민국 교육혁명
교육혁명공동행동 연구위원회 지음 | 152쪽 | 값 5,000원

▶ 비고츠키 선집 시리즈
발달과 협력의 교육학 어떻게 읽을 것인가?

생각과 말
레프 세묘노비치 비고츠키 지음
배희철·김용호·D. 켈로그 옮김 | 690쪽 | 값 33,000원

성장과 분화
L.S. 비고츠키 지음 | 비고츠키 연구회 옮김
308쪽 | 값 15,000원

도구와 기호
비고츠키·루리야 지음 | 비고츠키 연구회 옮김
336쪽 | 값 16,000원

관계의 교육학, 비고츠키
진보교육연구소 비고츠키교육학실천연구모임 지음
300쪽 | 값 15,000원

어린이 자기행동숙달의 역사와 발달 I
L.S. 비고츠키 지음 | 비고츠키 연구회 옮김
564쪽 | 값 28,000원

비고츠키 생각과 말 쉽게 읽기
진보교육연구소 비고츠키교육학실천연구모임 지음
316쪽 | 값 15,000원

어린이 자기행동숙달의 역사와 발달 II
L.S. 비고츠키 지음 | 비고츠키 연구회 옮김
552쪽 | 값 28,000원

비고츠키와 인지 발달의 비밀
A.R. 루리야 지음 | 배희철 옮김 | 280쪽 | 값 15,000원

어린이의 상상과 창조
L.S. 비고츠키 지음 | 비고츠키 연구회 옮김
280쪽 | 값 15,000원

수업과 수업 사이
비고츠키 연구회 지음 | 196쪽 | 값 12,000원

▶ 평화샘 프로젝트 매뉴얼 시리즈
학교 폭력에 대한 근본적인 예방과 대책을 찾는다

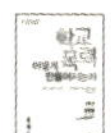
학교 폭력 어떻게 만들어지는가
문재현 외 지음 | 300쪽 | 값 14,000원

아이들을 살리는 동네
문재현·신동명·김수동 지음 | 204쪽 | 값 10,000원

학교 폭력, 멈춰!
문재현 외 지음 | 348쪽 | 값 15,000원

평화! 행복한 학교의 시작
문재현 외 지음 | 252쪽 | 값 12,000원

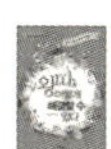
왕따, 이렇게 해결할 수 있다
문재현 외 지음 | 236쪽 | 값 12,000원

마을에 배움의 길이 있다
문재현 지음 | 208쪽 | 값 10,000원

▶ 창의적인 협력수업을 지향하는 삶이 있는 국어 교실
우리말 글을 배우며 세상을 배운다

중학교 국어 수업 어떻게 할 것인가?
김미경 지음 | 332쪽 | 값 15,000원

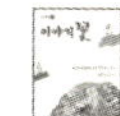
이야기 꽃 1
박용성 엮어 지음 | 276쪽 | 값 9,800원

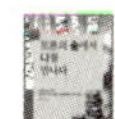
토론의 숲에서 나를 만나다
명혜정 엮음 | 312쪽 | 값 15,000원

이야기 꽃 2
박용성 엮어 지음 | 294쪽 | 값 13,000원

토닥토닥 토론해요
명혜정·이명선·조선미 엮음 | 288쪽 | 값 15,000원

인문학의 숲을 거니는 토론 수업
순천국어교사모임 엮음 | 308쪽 | 값 15,000원

 **전봉준과 동학농민혁명**
조광환 지음 | 336쪽 | 값 15,000원

 **남도의 기억을 걷다**
노성태 지음 | 344쪽 | 값 14,000원

 **응답하라 한국사 1·2**
김은석 지음 | 356쪽·368쪽 | 각권 값 15,000원

 **즐거운 국사수업 32강**
김남선 지음 | 280쪽 | 값 11,000원

 **즐거운 세계사 수업**
김은석 지음 | 328쪽 | 값 13,000원

 **강화도의 기억을 걷다**
최보길 지음 | 276쪽 | 값 14,000원

 **광주의 기억을 걷다**
노성태 지음 | 348쪽 | 값 15,000원

 **교과서 밖에서 배우는 역사 공부**
정은교 지음 | 292쪽 | 값 14,000원

 **팔만대장경도 모르면 빨래판이다**
전병철 지음 | 360쪽 | 값 16,000원

 **빨래판도 잘 보면 팔만대장경이다**
전병철 지음 | 360쪽 | 값 16,000원

 **영화는 역사다**
강성률 지음 | 288쪽 | 값 13,000원

 **친일 영화의 해부학**
강성률 지음 | 264쪽 | 값 15,000원

 **한국 고대사의 비밀**
김은석 지음 | 304쪽 | 값 13,000원

▶ 4·16, 질문이 있는 교실 마주이야기
통합수업으로 혁신교육과정을 재구성하다!

 **통하는 공부**
김태호·김형우·이경석·심우근·허진만 지음
324쪽 | 값 15,000원

 **내일 수업 어떻게 하지?**
아이함께 지음 | 300쪽 | 값 15,000원

 **인간 회복의 교육**
성래운 지음 | 260쪽 | 값 13,000원

 **교과서 너머 교육과정 마주하기**
이윤미 외 지음 | 368쪽 | 값 17,000원

 **수업 고수들 수업·교육과정·평가를 말하다**
박현숙 외 지음 | 368쪽 | 값 17,000원

 **도덕 수업, 책으로 묻고 윤리로 답하다**
울산도덕교사모임 지음 | 320쪽 | 값 15,000원

 **체육 교사, 수업을 말하다**
전용진 지음 | 300쪽 | 값 15,000원

 **교실을 위한 프레이리**
아이러 쇼어 엮음 | 사람대사람 옮김 | 412쪽 | 값 18,000원

 **주제통합수업, 아이들을 수업의 주인공으로!**
이윤미 외 지음 | 392쪽 | 값 17,000원

 **수업과 교육의 지평을 확장하는 수업 비평**
윤양수 지음 | 316쪽 | 값 15,000원
2014 문화체육관광부 우수교양도서

 **교사, 선생이 되다**
김태은 외 지음 | 260쪽 | 값 13,000원

 **교사의 전문성, 어떻게 만들어지나**
국제교원노조연맹 보고서 | 김석규 옮김
392쪽 | 값 17,000원

 **수업의 정치**
윤양수·원종희·장군 지음 | 280쪽 | 값 14,000원

 **학교협동조합,**
현장체험학습과 마을교육공동체를 잇다
주수원 외 지음 | 296쪽 | 값 15,000원

 **거꾸로교실,**
잠자는 아이들을 깨우는 수업의 비밀
이민경 지음 | 280쪽 | 값 14,000원

▶ **남북이 하나 되는 두물머리 평화교육**
분단 극복을 위한 치열한 배움과 실천을 만나다

10년 후 통일
정동영·지승호 지음 | 328쪽 | 값 15,000원

선생님, 통일이 뭐예요?
정경호 지음 | 252쪽 | 값 13,000원

분단시대의 통일교육
성래운 지음 | 428쪽 | 값 18,000원

김창환 교수의 DMZ 지리 이야기
김창환 지음 | 264쪽 | 값 15,000원

▶ **출간 예정**

근간 **교사는 무엇으로 사는가**
정은균 지음

근간 **미국의 진보주의 교육 운동사**
윌리엄 헤이스 지음 | 심성보 외 옮김

근간 **걸림돌**
키르스텐 세룹-빌펠트 지음 | 문봉애 옮김

근간 **교사, 학교를 바꾸다**
정진화 지음

근간 **조선근대교육의 사상과 운동**
윤건차 지음 | 이명실·심성보 옮김

근간 **민주주의와 교육**
Pilar Ocadiz, Pia Wong, Carlos Torres 지음 | 유성상 옮김

근간 **핀란드 교육의 기적은 어떻게 만들어지나**
Hannele Niemi 외 지음 | 장수명 외 옮김

근간 **조선족 근현대 교육사**
정미량 지음

근간 **고쳐 쓴 갈래별 글쓰기 1**
(시·소설·수필·희곡 쓰기 문예 편)
박안수 지음(개정 증보판)

근간 **경기의 기억을 걷다**
경기남부역사교사모임 지음

근간 **마을교육공동체란 무엇인가**
서용선 외 지음

근간 **고쳐 쓴 갈래별 글쓰기 2**
(논술·논설문·자기소개서·자서전·독서비평·
설명문·보고서 쓰기 등 실용 고교용)
박안수 지음(개정 증보판)

근간 **존 듀이와 교육**
한국교육연구네트워크번역총서 05 | 짐 개리슨 외 지음

근간 **왜 따뜻한 감성 수업인가**
조선미 지음

근간 **어린이와 시 읽기**
오인태 지음

근간 **함께 만들어가는 강명초 이야기**
이부영 외 지음